元CAの
キャリアコンサルタントが
アドバイス

50代で素敵女性になるためのヒント

Rules women can shine after 50

堀口恵子
KEIKO HORIGUCHI

かざひの文庫

はじめに　～『Ｈｕｍａｎ Ｂａｎｋ』と50代女性の未来～

60代を前にした不安

「この先、私に何か仕事はあるのかな？」

それは、数年前にお会いした60代の先輩からこぼれ落ちた不安の言葉でした。元々はキャビンアテンダント（以下、ＣＡ）として活躍し、英語も堪能な方です。それでも、その時の彼女からは、もう60歳だから何もできない、どうしたらいいのか分からない……そうしたネガティブなオーラが溢れていました。

自己紹介が遅れましたが、私は、元ＣＡをメインとした人材派遣の会社『Ｈｕｍａｎ

Ｂａｎｋ』を経営しています。その私に、こうした悩みを聞かせるということは、藁をもすがる思いだったに違いありません。

「この先、どうやって生きていったらいいのかな」そうした切実な呟きに胸が締め付けられるようでした。私は言葉に詰まり、どうにか「何かお仕事作りたいですね」と返すのがやっとだったのです。

それは本心ではあったのですが、なかなか実現できないまま今に至ります。

世の中の仕組みも含め、元ＣＡの60代女性が活躍できる仕事を作ることはなかなか簡単ではありません。

その時の私はまだ50になるかならないかぐらいだったのですが、50代後半となった今は、より一層彼女の気持ちが分かります。

今の60代の女性は、見た目も若々しく、とてもお元気です。

若い感覚のまま生きているのに、世の中だけが変わらずに、能力を持て余してしまっています。

「彼女たちのために何ができるんだろう?」と思いながら、結局もう5、6年が経ってしまったのですが、せっかく積み上げてきたものを全く活かす場がないというのは本当にもったいないことです。

私自身も含め、60代の扉が見えてきた50代から、不安や無力感に襲われ、人生の迷子になりがちな傾向にあると思います。

でもこの年だからこその、魅力、メリットはある。そこを自分で理解した上で、次のステップを目指していきたいと感じるのです。

「元CA」のキャリアは意外と活かせない!?

ここで少し、私がHuman Bank株式会社を作った理由をお話しさせていただきたいと思います。

私は、大学卒業後、ANA(全日空)でCAとして勤務し、29歳で退社、その後30代で起業しました。

現在、『ＨｕｍａｎＢａｎｋ』の95%はＣＡ経験者です。

私は、自身がともに働いた経験から、ＣＡの能力の高さを身をもって知っています。でも、辞めてしまうとなかなかそれを発揮する場がなく、ただの人になってしまう傾向があると感じていました。

「元ＣＡ」というと「なんだかスゴい！」という印象を持ってもらえるのですが、では「ＣＡの業務以外に何ができるのか？」というと、なかなか難しく、イメージしていたほど「スゴく」はない。飛行機の外に出てしまうと、驚くほど普通の人になってしまうのです。

一部の優秀でトーク術がある方は、マナー講師になることもあります。ですが、講師の世界で成功している人はほんの一握り。

「語学が堪能で気配りが上手なのであれば、秘書が向いているのではないか」……そう思って挑戦してみても、やはり「秘書経験があるかないか」で最終的に判断されることが多く、それほど甘くないのが世の中です。

その一方で、結局また航空業界（ＣＡ）に戻る人も多く、結局、新しいジャンルよりも、よく分かっている業界で仕事をするほうが、負荷が少なく仕事ができるのだと思います。

ＣＡというのはさまざまな場所に行くことに慣れており、その状況を楽しんでいるものです。逆に一箇所に留まるということが苦手なのかもしれません。「やっぱり飛びたい」という気持ちは私にも覚えがあり、たまに飛びたくなる気持ちはよく分かります。

仕事とはいえ、短時間で別の場所・空間に行き、空から見る絶景(晴れの日だとラッキー)に心が躍ります。

2002年、日韓ワールドカップで元ＣＡ軍団が大活躍!

私が乗務していた頃は、今よりも乗客数の繁忙期・閑散期の差が大きく、閑散期に勤務する人数を調整できると良いのにな……などと漠然と考えていたのが、「人材派遣」ということに興味を持ったきっかけでした。

そこから、「繁忙期にだけ稼働する元CA軍団がいたら、企業の役に立てるかも⁉」と妄想して派遣会社を考えついたのです。

そうしていたら、私がフリーランスとしてお手伝いしていたサッカーのVIPエリアの接遇の場で、運営制作会社の女性の先輩に「ここだったら元CAの接遇力を発揮できるんじゃない？」とお声がけしていただきました。

サッカーワールドカップ、特に各国のサッカー界のボードメンバー（取締役会の役員など）が集まるプロトコル（国際儀礼）部門は、まさに世界各国のさまざまな状況を理解した上で対応できる元CAの活躍の場です。

私は、目の前に迫ってきている日韓ワールドカップに向けて、制作会社の先輩のサポートを受け、元CA集めに真剣に取り掛かりました。

それが、会社を設立するきっかけになったのです。そこからは、ワールドカップへ向けて猛チャージの日々！　100名近い元CAを集めて、2002年6月に開催された日韓ワールドカップ日本のすべての会場に、プロトコルスタッフを派遣しました。

お陰さまで、ワールドカップでの元ＣＡたちの働きは大絶賛され、大きなやりがいを感じることができました。

そうして、私は「ＣＡが培ってきた能力は、たとえ現場を離れていたとしても優れたものである」という認識を新たにしたのです。

このワールドカップでの仕事こそが、ＨｕｍａｎＢａｎｋ株式会社の礎となっています。

彼女たちの能力を、「もうＣＡを辞めてしまったから」というだけで、眠らせておくのはもったいない。彼女たちも、自分で大っぴらには言えませんが、自信を持っているはず。

「だからこそ、私が彼女たちの代わりに世の中にそのスキルの高さをアピールしないといけない！」という気持ちがふつふつと沸いてきました。

今でも私は、元ＣＡが自ら「私ってスゴいんです」と言えないことを、代弁する役割を担いたいと思っています。

年齢とともに仕事が減る現状

それから20数年。

事業を続けるということは本当に大変で、もうダメかと思うことも何度かありましたが、スタッフの皆さんに支えられ、応援してくださるクライアントさんにも助けられながら走り続けてこられています。

今、お陰さまで『HumanBank』には1000名近くの方が登録してくださっています。その一方、50代に入ると華やかな仕事のニーズは下がり、60代向けの仕事はほぼないというのが正直なところです。

明確に「○歳以下希望」と依頼があるわけではなくても、クライアントさんが若いほうが良いと考えていることがひしひしと伝わってくることがあります。

弊社の業務はイベントなどでのアテンドや受付、外国語対応など、「接遇・接客をする」ことがメインであり、その性質上、どうしてもまだ日本では「若い女性」が求められるのが現状なのです。

ニーズが最もあるのは、まだ見た目の上では若さもありつつ、社会人としてそれなりの経験とスキルもある30代です。

しかし、30代でCAをしている方は、会社を辞めません。今はそういう時代です。日々仕事をする中で、あとほんの少しでも条件がゆるくなれば60代以上でも働くことができるのに、と感じることがあります。

例えば、受付スタッフは「メガネNG」とされていることがほとんど。そこがクリアできれば60代以上であっても問題なく仕事はこなせると思いますが、社会はまだそこまで柔軟にはなっていません。

人生１００年、60代も働けるセカンドステージへ！

でも、日本はもう人生１００年時代。私も50代後半に差しかかり、ここから先を考えた時、「60代の女性がのびのびと仕事をする社会を作らなければ！」と感じます。

私自身の活力もまだまだありますし、周りの同世代、それ以上の年代の皆さんもまだまだアクティブでとても素敵なので、いつまでも現役感を持って活躍していただきたいと強く思うようになりました。

そんな中で、「60代以上の女性が生き生きと働ける『2nd Human Bank』があっても良いな！」と閃きました。50代からでも輝き続けることができる環境を作ったらみんなが張り切ってくれそう！ と思ったのです。

第二章の開幕です。

このひらめきが、本書の出版へと導いてくれました。

この1年で、かなり50代以降の方にも現役として活躍してもらおうという雰囲気が出てきたように感じています。

実際のところ、その世代にも頑張ってもらわないと現場は回らない、という実状があるのだと思います。

「コロナ」という未だかつて経験したことのない時代を経て、今までイベント業界で活躍していたフリーランスやアルバイトの若者は別業界への就職という道を選択し、コロナ後もイベント業界に帰ってはきません。

転職も当たり前の時代ですが、やはり組織に所属する安定感を選択している人が多いのだと思います。イベント業界の人材不足はこの先も解消しそうにありません。

そのため、以前より派遣するスタッフの年齢を聞かれなくなりました。正直、ようやくそういう時代になってきたのだなと感じます。

ダイバーシティ（多様性）の重視と、コンプライアンスへの配慮が高まる中で、年齢を問うこと、年齢で区切ることが不適切であるという意識に繋がってきていることもその大きな理由のひとつだと思います。

接遇・接客という職域で社会と関わり、その得意分野を活かして年齢を重ねてからも仕事をしていきたい、と思っている私たちには「追い風が吹いてきた！」と前向きにとらえられる状況になりつつあります。

また、オーバーツーリズム（観光客の急増により住民生活や地域社会に悪影響が生じること）ともいえる日本のインバウンド状況、その領域にもチャンスがありそうです。

好きなこと、得意な分野で仕事ができるということは幸せなことです。

年齢を重ねると、夜は早く就寝することも多くなり、朝早く起きることは意外と平気になってきます。その特性を活かして、朝活ビジネスの分野にスタッフ派遣ができないものか？　と妄想しています。

若い世代が減り、イベント業界だけでなく飲食店などの人材不足もしきりに報道されています。

これから、50代、60代でも、育児や介護で一度仕事を離れた人でも、もっと働くことができる社会がやってくるはずです。

では、来るべきその時に困らないために、今の50代のうちに準備しておくことは何だろうか？

本書では、9割が女性の人材派遣業を営む経営者として感じたこと、考えたこと、そして50歳を超えてもその輝きを保ち、道を切り拓いている先輩たちへのインタビューを基に、女性が充実した60代を迎えるためのヒントをご紹介しています。

読者の皆様がこの本を通じて、年齢を重ねることに喜びを見出し、希望に満ちた未来を描けることを心から願っています。

CHAPTER 1
50代、捨てることから始めよう

CHAPTER 2
50代の努力は「ちょっと」が良い

CHAPTER 3
輝く先輩たちの50代

CHAPTER 4 『Human Bank』の今とこれから

LIFE BEGINS

AT FIFTY.

CHAPTER

1

50代、捨てることから始めよう

酸いも甘いも噛み分け、それなりの経験を積み重ねてきた50代。ここに来るまでに得たものも多いですが、振り返ってみると今の自分にとっては足かせになっているものも多いはず。今からは少し見方を変えて、得ることよりも不要な考え方や価値観を捨てることをしてみませんか？

◈過去へのこだわりを捨てる

30代から、40代。40代から50代。そして、50代から60代。

誰しも年齢を重ねるとともに、未来への期待よりも、将来への不安が大きくなっていきます。

また、「還暦」という大きな節目を目前に控え、年齢を今まで以上に意識して考えるようになった方も多いのではないかと思います。

50代は、人生における重要な転換点です。心身、環境ともに大きな変化を迎えます。

更年期障害をはじめ、身体的な変化に、心身ともに苦しめられる時期です。多くの女性は、この時期に自己肯定感を大きく失い、これまでの人生とこれからの人生を考え、暗く落ち込んでしまうこともあるでしょう。

また、この時期は育児も一段落し、親の介護が始まるケースも多いです。家庭の中での役割が大きく変化することで、新たな責任や圧力に押しつぶされそうになることもあります。

職業面では、キャリアのピークを迎え、リタイアを考え出す人も少なくありません。一方で、輝かしい現役時代の気持ちを失わずに頑張っている人も多くいます。上司からも部下からも評判が良く、仕事だけではなく、ありとあらゆる方面から褒められていた若い時代。

「人から求められること」が「当たり前の日常」だった若い頃の記憶が色鮮やかに残っている方もいるでしょう。

決して、それが悪いことだとはいいません。

そのような過去は誰しも経験できるものではなく、あなたの努力が実を結んだ何よりの証拠だからです。また、そうした輝かしい過去があることを誇りに思うことは、自己肯定感を高めること、前向きに人生を歩むことにも繋がります。

ただ、気をつけたいのは「そこで歩みを止めてしまうこと」です。

時代は、日に日に移りゆくものです。「昔の常識」が「今の常識」と異なるように、自身もアップデートしていく必要があるのです。

自分だけ時が止まっているかのように、昔と同じように過ごしていくのはナンセンスなのです。

若い世代と同じように、ＩＴを使いこなすのは難しいと感じるようになっているかもしれません。また、若い人の流行が理解できないと思うこともあるかもしれません。

私たちは、時を経て、心身ともに「変化」しているのです。しかし、この「変化」は、「退化」ではなく「進化」の一つだということを忘れないでください。

あの頃の自分からは失われたものもたくさんありますが、今の自分だからこそ得られたもの、これから得られるものもたくさんあるのです。

ただ、それを本当に手に入れられるかどうかは、あなたにかかっています。

そういう意味で、50代は、人生の意味や目的を再設定する試練の時期ともいえるかもしれません。

私たちは、一生変化し、進化し続ける生き物なのです。

自分を受け止めつつ成長を目指すことが、今の私たちにはとても大切です。

人間誰しも、過去だけにすがって生きることはできません。

変化した今の自分をありのままに受け入れ、「どんな60歳を迎えたいか、どんな人生を歩みたいのか」今一度、考えてみませんか？

頑張りたいこと、逆に、頑張ることをやめること、どんな姿の自分で、どのような生活がしたいのか、自分の理想の未来を考えてみてください。

特に自分に自信が持てない人、将来に不安を感じている人は、人生における優先順位を見直し、「こんな自分になりたい」という理想像をイメージしてみてください。

若い頃とはまた違った、現実味のある地に足の付いた理想像になっているのではないでしょうか。

大きな目標を立てる必要はありません。小さなことでも良いので、挑戦する気持ちを忘れず、まずはこれからの目標を立ててみてください。

FOR WELL AGING

過去に執着せず、なりたい60代像をイメージする

ライバル意識を捨てる

50代に入ると、仕事において、華やかなメインのポジションにはいられなくなることがあります。

しかし、悲観する必要はないと私は思います。

それも経験であり、自分の経験を若い世代に伝え、育てていくという、今の年代だからこそできることがあるからです。

40代の頃は、まだ若い世代とも近く、ライバル意識もあったかと思いますが、50代になると少し事情は変わってくると感じます。

ライバルではなく、「見守る」「育てる」という意識が芽生えてくるのが健全な50代の在り方ではないでしょうか。

逆に、50代でもまだ若い世代と競り合う気持ちを持っていると、生きにくく、仕事のしづらさにも繋がっていきます。

こうなってしまう原因は何かと考えると、「余裕のなさ」ではないかと思うのです。

他人を顧みて、「彼女は自分より一回り以上若い」「その分経験が不足しているからサポートしてあげよう」などと冷静に考える余裕がないため、若い世代ともいちいち張り合ってしまうのです。

また、こういう人は当然、同世代とも張り合おうとします。負けん気の強さは成長のための刺激にもなり得ますが、私たちの世代は、すでにその段階にはないのではないでしょうか。

これから私たちが向き合うべきは、他人ではなく自分です。

他人と比較するということは、他人ありきの人生で生きていくということ。○○さんには負けたくない、○○さんを見返してやりたい、というのは、自分が何をしたいか、どうなりたいか、という自己実現の願望とは似て非なるものです。

過剰なライバル意識は、無用なストレスや焦燥感を引き起こします。他人との比較に気を取られることで、自分自身を責めたり、不安を感じたりすることも増えるでしょう。

更に、ライバル意識が高まると、人との関係にも影響を与えます。競争心が前面に出ることで、共感や協力しようという意識が減り、関係性が希薄になることがあります。

歳を重ねた女性が持つライバル意識は、自分の成長や他人との共存を快適にするものであるべきです。


振り返ると、私たちの世代は、学歴や就職、恋愛、結婚など常に周囲と比べてどうかということに目を向けがちだったように感じます。

しかし、今は自分自身と向き合い、見つめ直す時代を迎えているのではないでしょうか。

他人との競争ではなく、自分自身の心の声に耳を傾け、「人は人、自分は自分」という心の穏やかさを見出すこと。それが、豊かな人生を歩む第一歩となると思うのです。

人生の充実度は勝ち負けで測れるものではありませんよね。

勝敗ではなく、自分にとって人生が楽しいか、面白いか、充実しているか、それだけです。

そうやって自分自身で人生に価値を見出すことができた時、私たちは本当の意味で幸福を感じることができるでしょう。

勝ち負けの論理を超越した先には、目に見えない豊かさがあります。経験の深さや心の優しさ、人生における知恵……これらは年齢を重ねるたびに育まれる計り知れない「価値」です。

まずは、自分がこれまでに築いてきた経験を見つめ直し、その価値を理解し、そこからどう成長するかを考える姿勢が大切ではないでしょうか。

「ライバル＝他人」に目を向けるよりも、自分自身と向き合い、これからの自分自身の成長に集中することが幸福度を高めることに繋がっていくのだろうと思う次第です。

FOR WELL AGING
——
競争心より向上心を大事にする

◈「不得意」を捨てる

これからの人生は、「得意」にフォーカスしましょう。

自分で自分のことをよく知らなかった20代、30代、まだ迷いのあった40代とは違い、50代になった今は、自分自身のことを誰よりも自分が分かっていることと思います。失敗や成功を積み重ね、自分の得手不得手が見えてきているのではないでしょうか。

例えば、弊社に登録している方の中には、PCやタブレット、スマートフォンの操作が苦手な人もたくさんいます。

一方で、元CAの方が多いので、ITは苦手でもコミュニケーション能力には優れていて、気配り上手な方が多いです。そういう方にITのことを無理矢理勉強させても、あまり良い結果を生みません。

若いうちであれば、少々無理をしてでも苦手を克服することに意味があるでしょう。しかし、50代ともなると本人が「面白い！」「学びたい！」と意欲的にならない限り、苦手なことをするのは、ストレスになるだけで効率的ではありません。

それよりも、気配り上手ということが明確ならば、困っている人にさり気なく手を差し伸べられるような仕事をしていただいたほうがやりがいも感じられるでしょう。

私の周りにいる50～60代の女性の中には、美と健康のためにと筋トレを頑張っている方が何人かいらっしゃいます。

運動が苦手な私からすると、コツコツと頑張っていて素敵な努力家だと思いますが、彼女たちは「筋トレが好き」というのが根底にあるからこそ、頑張れているのだと思います。

好きなことだから続けられる。そう、「好き」は何よりの強みです。

努力というよりは、好きなこと、できることを自分で把握して、やり方や楽しみ方を模索しながら無理なく行う、それが継続の力になっているのです。

もしかすると、身体が硬いという自覚があって、柔軟性が求められるバレエを避けているのかもしれません。あるいは、そこまで体力がないという自覚があり、ランニングはしていないのかもしれません。

「苦手だからやらない」「好きだからやる」

大変シンプルですが、その選び方こそがこれからの私たちに求められるものだと思うのです。

50代、60代になって自分の苦手なことをやるというのは、若い時以上にハードルが高いですし、ストレスもかかります。だからこそ、これからは「得意」にフォーカスして、チャレンジしていくことをおすすめします。

「得意なことが分からないから、何をしていいのか分からない」という方にまずおすすめしたいのは、「過去の自分の棚卸し」です。

自分がこれまでやってきたことを振り返り、「好きなもの」「嫌いなこと」「やってみたいこと」「やりたいけど不得意なこと」など、そういうものをいくつも思い返して整理してみてください。

そうすると、「今後、何をしたいのか？」が見えてくると思います。

また、「本当は得意じゃないのに、ずっと続けている」なんてこともあると思います。年齢を重ねると、そういうものはどんどん苦痛に変わっていきます。

若い頃の理想を追い続けて、縛られ続けるのは心身ともにしんどいです。そこから脱却するためには、一旦リセットすることも視野に入れましょう。

「今までやったことはないけれど、なんだか面白そう！」と感じたなら、それを選ぶのも楽しそうですよね。

その時に注意したいのが、「でも……」という自分の中の理性的な反論に耳を貸さないことです。

「でも、難しそう」「でも、私には向いてなさそう」、そういった「でも」は無視して、直感を信じてみることもこれから人生を楽しむためには大切だと思うのです。

「やってみてダメならまた探せばいいよね」

それくらいの軽い心持ちで自分の得手不得手を探してみるのが良いのではないでしょうか。

FOR WELL AGING

「楽しい！　面白い！」と感じる得意なものを探す

◈他人任せ精神を捨てる

60代を目前に控え「もうこういう仕事しかできない」と悲観的になってしまうこともあると思います。「やりがいのある仕事や華やかな仕事は、私にはもう回ってこない」そんな仕事への不満を募らせている方も少なくないのではないでしょうか。

でも、思い返してみてください。

仕事において不満がある時、何らかの意思表示をしましたか？

「やりたい」という自己アピールは、とても大切です。それをせずに、「やりたくない仕事ばかりやらされる」、「好きな仕事ができない」と思うのは、もしかしたら、選択を他人任せにし過ぎていることが原因かもしれません。

一緒に仕事をする人や仕事を振る上司とのコミュニケーションをおろそかにしていると、ますます自分のしたいことができなくなります。

自分の首を自分で絞めてしまっているのと同じことなのです。

また、仕事の選り好みをする・しないという話でも同じことがいえます。仕事を振った時に何度もお断りされると、次が頼みづらくなるのが普通です。仕事を割り振るほうも同じ人間なので、「次に繋がりやすい人」と「そうでない人」というのは絶対に出てきてしまうんですね。

例えば、私はメールで仕事のお声がけをすることが多いのですが、お受けしてもらえない時に、返信をしっかりくれる人とそうでない人がいます。

たとえ、断りの連絡であってもしっかりと連絡をいただける人には、次もお願いしたいという気持ちが沸きます。特にちゃんと〝断りの理由〟を入れてくれる方は助かります。相手の意向も把握しやすいので、次からはそういう仕事を振らないように、また、意向に沿ったご連絡になるよう、配慮することができます。「こういう条件なら受けていただけるかも」と、別の提案をすることもできるわけです。

年齢を重ねると、やっぱり得手不得手はよりハッキリしてくると思います。だからこそ、この歳になったら嫌なこと、苦手なことを無理してやることはないと思います。

逆に好きなことだったら、多少大変なことでもやりがいが生まれますよね。そういう自分の指向性、方向性をしっかり相手に伝えられる人ほど、自分の望み通りに行きやすいのではないかと思います。

弊社は、VIPのアテンドや受付などの人前に出る業務がメインです。そういう仕事ほど、「若手の女性」のニーズが高いのは、今も昔も変わりません。

一方で、50代の最大の強みは、経験値の高さです。想定外のことが生じても落ち着いて対応できる適応力の高さは、若い人にはない魅力です。ちょっと気難しい方が相手でも「この人になら任せられる」という方もたくさんいます。

そういう方は、「しっかり対応できるベテランなので安心ですよ」とクライアントにすすめることもできるわけです。アテンドする相手の方々の年齢が高いこともあって、20~30代には荷が重い仕事も多いのです。実際、Z世代と呼ばれる世代より、50代の方のほうが「安心感がある」といってもらえることもたくさんあります。

希望者を募って選定していくケースが多いですが、「前回がとても良かったので、今回も」というようにリピートしていただくようなご依頼もあります。

2回目、3回目の時は、ある程度説明を省くこともできるので、年齢関係なく、リピートがかかる方もたくさんいらっしゃいます。私が実際に仕事を振る時には、その人の良いところに注目しています。

例えば、「華やかなタイプではないけれど、コツコツと真面目に丁寧な仕事ができる人」には、丁寧で真面目な対応が求められる仕事を振ります。もちろん、全員がそういうタイプというわけにもいかないので、うまくバランスを考えながら、一人一人の良いところが発揮できて、伸ばせるように配慮しています。

長所を見つけ、適材適所に仕事を割り振るのが私の仕事ですが、「これがやりたいです」といった明確な意思表示があれば、こちらもなるべくその要望に沿って仕事をお願いします。

うまく行かない時、不満を感じている時ほど、相手に自分を理解してもらおうという努力が大切なのではないかと思います。

FOR WELL AGING

受け身にならず、自分の望みは自分で伝える

◈ 選り好みを捨てる

50代、60代と年を重ねるに連れて、自分自身に停滞感を覚える人も多いのではないでしょうか。

毎日同じことの繰り返し、仕事にやりがいも感じられず、成長もできていないような感覚……。

そんな時は、「とりあえず、目の前のことを必死に取り組む」ことをおすすめします。

先ほど、自分の得手不得手を把握して、苦手なことはしないほうが得策であるというお話をしましたが、選り好みをしていると、結局前に進むことはできません。

選択肢が複数ある時に取捨選択をすることは大切ですが、特に選択肢がないのであれば、「とりあえず、やってみる」ことのほうが遥かに重要です。

1を2にすることよりも、0を1にすることを意識しましょう。

私が以前ファーストクラスで働いていた元CAの方に聞いて思ったのは「選り好みをするよりも、目の前のことをとにかく一生懸命にやることで結果に繋がる」ということです。

一生懸命に仕事に打ち込めば、感謝もされるし、評価もされます。それが、何よりも仕事の楽しみ、やりがいに変わっていくのです。

私もまさにこれで、起業して23年、軌道に乗るまでの辛い道のりを一生懸命に頑張ってきたからこそ、今の楽しみややりがいがあるのだと感じています。

あれはこうだからできない、ここがイヤだからできない、ということではなく、目の前のことをとにかく一生懸命やること、挑戦し続けることが、輝かしい未来の扉を開くきっかけになると思います。

フレンチレストラン『オテル・ドゥ・ミクニ』の三国シェフをご存知でしょうか？メディアへの露出も多い有名な料理人ですが、この方も最初は当然見習いから始まり、一心不乱に毎日鍋を磨き続けたことで料理人として推薦されたという逸話を持っています。

料理人として働き始めたのに料理をさせてもらえない日々はとても辛く大変だったとは思いますが、そういう日々の積み重ねが「憧れの場所でキッチンを任される」という仕事に繋がったのです。

やはり、「できる仕事は喜んでやります」という基本の姿勢ができている人は、三国シェフのように人に好かれるし、リピートされやすいです。

たとえ、その一瞬は自分の理想と異なるものであっても、学びはきっとあります。やってみることによって、自分の「得意」を発見することに繋がるかもしれません。きっとあなたの目の前には多くのことが広がっていて、背伸びしなくても始められることがたくさんあるのではないかと思います。小さなことでも無理なく実践できることを大切にし、目の前のことに取り組んでみてください。

それが、停滞感を覚えている自分を成長させるきっかけになります。とにかく何か動かないと、何も始まらないのです。

年齢を重ねれば、当然、経験値が上がり、その経験は大きなメリットとなります。しかし、その経験が足を引っ張ることもあるので、そこは注意したいところです。

例えば、「以前、これをやってみたけれど失敗したからもうやりたくない」と思っていることもありますよね。その経験から「できないもの」と決めつけていると、フットワークは重くなるし、できることもできなくなってしまいます。

失敗したものにもう1回トライしてみるということが、年齢を重ねるとよりハードルが高くなる気持ちも分かりますが、うまくいかなかった時の自分と今の自分には経験値の差が確実にあります。

まだ興味があるのであれば、過去のネガティブな思いにとらわれず、ダメ元精神で挑戦する気持ちが大切ではないかと思います。時が過ぎれば、環境も自分自身のスキルも知識も感性も変わっているはずです。

現状を変えたい気持ちがあるというのは向上心の現れでもあり、素敵なことです。そこから一歩踏み出して気持ちを行動に変え、少しずつでも未来を変化させていく気持ちを忘れないようにしたいですね。

FOR WELL AGING

現状打破のためには、とにかく目の前にあるものに集中する

◈マウント癖を捨てる

年齢を重ねることで、できること・分かることが増えていきます。

そんな中、注意したいのは、相手に「マウントを取っている」と思われないようにすることではないかと思います。

知っていることが多いだけに、年齢とともに「マウントを取っている」と思われる可能性は高まります。私の時代はこうだった、こういうふうにしてやってきたといった過去の成功話は、本来、後輩にとっては有益なものだと思います。

しかし、そう捉えない人もいます。成功談をひけらかしているように見えたり、上からものをいっているように聞こえてしまうと人間関係にヒビが入りますよね。相手のためではなく、〝自尊心を満たすための行為〟だと映るからです。

自分は「マウントを取っている」つもりがなくても、無意識にそうした言動をしてしまうこともあるので、十分注意してください。

また、相手の上に立とうとする姿勢は、自分の中に何か不安を抱えていることの裏返しかもしれません。

自分はもちろんのこと、周囲の人にストレスを与えないためには、〝尊敬〟と〝共感〟が大切です。

自分の成功談など、うまくいった経験を年下の人と共有する時は「うれしかった」「大変だった」など自分の感情だけではなく、「こうしたらうまくいったんだよ」「こういうことに気をつけるといいと思ったよ」など、教訓を伝えるようにすると、自慢話で終わらず、価値ある話となります。

また、私たちは後輩の成長を支援するサポーターやメンターの役割を果たす年代であることも頭の片隅に入れておきましょう。

指導する時は、一方的な発言にならないようにすること、相手の意見をしっかり聞くことも大切です。

その際の言葉遣いもポイントになります。

高圧的な言動や命令口調にならないように、柔らかい表現を使うことは基本ですね。

アドバイスする時も、「〇〇するべき」「〇〇しなきゃダメ」といった押し付けがましいと取られかねない言い方ではなく、「〇〇してみたらどうかな」といったような提案型の言葉が良いと思います。

そして、大前提として、相手をどうこういう前に、自分を顧みることで冷静になりましょう。

自分の言動が相手にどのような影響を与えるかを客観視し、自分の行動が相手の成長にとってプラスになっているかに考えを巡らせます。

相手のミスを注意する時も、なるべくなら批判する言葉や叱咤する言葉は最低限に留め、「次からどうするべきか」といった前向きな言葉がけをメインにすると相手も受け止めやすいのではないかと思います。

その時に気をつけたいのが、〝場所〟です。むやみにプライドを傷つけないように、できるだけ二人きりで、他の人がいる場での批判は避けるのがベターでしょう。

このようなちょっとした工夫で、経験豊富な50代女性は、サポートするポジションでありながら、自分を誇示することなく、お互いに尊重できる関係性を築くこととができるのではないかと思います。後輩との関係性をうまく築き上げるには、相手の自尊心を守りながら、成長を促すことが大切です。

これらはもちろん後輩を育てる意味も含みますが、何より自分自身が働きやすい環境をつくるためにも大切なことだと思います。

また、それによって後輩が成長することは、あなた自身の経験が引き継がれたという意味で、もっと価値のあることだと思います。

自分のこれまでの努力、積み重ねてきたもの、得たものを若い世代に引き継いでもらう——これは、自分を誇示するよりも、ずっと有益で尊い、素晴らしい偉業であることは間違いありません。

FOR WELL AGING
——
どんな相手にも、尊敬と共感を忘れない

◈求められる人材になるために捨てるべきこと

50代、60代でも必要とされる時代になってきている現代。どういう人が求められているのでしょうか？

私が人材派遣会社を経営する中で〝求められる人材〟になるために、捨てたほうが良いと感じるものを紹介します。

依存心を捨てる

素敵な60代を迎えるために必要なのは、〝精神的な自立〟です。

何かを決める時に「夫に聞いてみます」「分かりません」「判断できかねるので決めてください」という姿勢は良くありません。

仕事においてもプライベートにおいても、自分のことは自分で決める、自分の行動には自分で責任を持つことが基本です。

当たり前のことのように思えますが、社会との関わりが薄い期間が長かったり、仕事のブランクがある人は意外とできていなかったりします。

心身の不健康を捨てる

何をするにしても、身体が資本です。

どれだけ優秀なスキルがあっても、細やかな気配りのできるコミュニケーション能力があっても、体調を崩しやすかったり、情緒が安定していない人に仕事は任せられません。

「これくらいの仕事量は大丈夫」「これ以上はキャパシティオーバー」と、自分の限界を知っておくことも大切です。シフトや時間帯をそれに応じて決めると、周りも一緒に働きやすい環境をつくることができます。

また、体力づくりも大切です。健康な人でも体力がないと、続けられません。やる気は十分なのに身体がついてこないのはもったいないですよね。週に1回でも良いので、将来のためにも体力づくりを始めませんか？

私は、8年ほどピラティスをやっています。

バレエをしている知り合いの70代の女性はとても姿勢が良く、所作も美しいです。いつも生き生きと楽しそうに動く姿を見て、「私もこうなりたいな」と密かに目標にしています。

運動に苦手意識のある方は、ヨガなどのストレッチや簡単な筋トレを取り入れてみると良いでしょう。

今はYouTubeでも音楽に合わせて楽しく身体を動かす動画がたくさん出ています。自分に合ったものを見つけてみてくださいね。

「できない」の思い込みを捨てる

「できない」という思い込みは、なるべく捨てましょう。

例えば、「出張は無理です」と早々に言い切るのではなく、なるべく対応できることの幅を増やす努力をする必要があるのではと思います。

さまざまな事情があるので一概にはいえませんが、家族のことを理由にして仕事を選り好みするのは、せいぜい40〜50代前半くらいまでに許されることのように感じます。

これは弊社の業務の場合ですが、年齢とともに求められる仕事の数は確実に減っていくので、時代や条件が変わるのを待つのではなく、なるべく対応できる工夫を凝らしてもらえると良いなと思います。

〝うっかりミス〟を捨てる

仕事を細部まで丁寧にできる人は好かれます。

一緒に仕事する上で「ちょっと細かいし、厳しいよね」というくらいの人は、やっぱりミスも少ないです。そうした丁寧な仕事ぶりはクライアントにも伝わるので、リピート率にも大きく関わります。

年齢的にうっかりミスや凡ミスは、若い人がするよりも厳しい目で見られがちです。そういった意味でも安心して任せてもらえるような仕事ぶりを発揮しましょう。

FOR WELL AGING

自立心・健康・柔軟性・細やかな仕事ぶりが仕事をするための基本

◈自己犠牲の心を捨てる

「自分以外の誰かを優先する」

これはとても美しい考え方です。

でも、そのせいで自分自身を後回しにし、自己実現を妨げているとしたら、少し立ち止まって考え方、生き方をあらためてみるタイミングが今この50代の時かもしれません。

50代の女性には、無理な自己犠牲の習慣が根付いてしまっている人も少なくない印象です。家庭や職場での役割を果たすべく、自分の幸福度を下げてしまっているのです。これが更に深く根付くと、いつか燃え尽き症候群となり、精神的・肉体的な疲労が重くのしかかるのではないでしょうか。

自己犠牲の精神は称賛されることもありますが、長い目で見ると、自分にとって不本意・不利益な結果になることが多いです。

これから、更に充実した人生を送るには「周囲の人の期待に応えなくてはならない」という思いは足かせになります。確かに他人を喜ばせることはとても大切なことですが、「喜ばせなくてはいけない」という使命感に駆られると、自分の本当の気持ちが分からなくなってしまうからです。

また、自己肯定感を高めるには、他人ではなく自分の価値観や目標を第一に生きることが大切です。

これを叶えるには、自分の仕事や家庭でのポジションや周囲の期待に縛られることなく、自分にとっての幸せを模索していく勇気が求められます。

「自分以外の誰かのため」という義務感にばかり追われる生き方は、自分の欲求や夢を蔑ろにすることにも繋がります。

50代から60代へと新たな節目を迎えることをきっかけに、人生の優先順位を見直し、自己犠牲の精神から卒業してみませんか?

自分自身を何よりも大切にすること、自分を犠牲にしてまで周囲を支えることの必要性を見直すことで、バランスの取れた豊かな生活を送るきっかけになるのではないでしょうか。

周囲の期待や使命感・義務感から解放された時、それまでとはまた違った「人生の豊かさ」を知ることができるのではないかなと思います。

自分の時間、エネルギー、情熱をどのように注ぐかは、自分自身で決める権利があります。それらを自分に多く投資することは、結果的に周囲への良いサポートを生み、自他ともにプラスの影響をもたらします。

自分をより大切にすることで、周囲へも優しく接することができるようになるのだと思います。

しかし、この年代だからこその避けては通れない義務や責任もあることでしょう。こういったしがらみは、適切に管理をしなければ、ストレスを抱える原因になります。自分自身の健康や幸福を犠牲にしない程度にうまく管理していきたいところですね。

そういう意味では、ストレスと上手に向き合う方法を学ぶことも50代の女性にとって必要なスキルといえます。

日々のタスクを効率化する時間管理スキルを学ぶこと、リラクゼーションの時間を作るなど、ストレスに負けないスキルを向上させましょう。

時には、周囲にサポートを求めることも必要です。友人や家族、専門家など、信頼できる人々の援助はこれからの人生にも欠かせません。

すべてを一人で背負い込むのではなく、うまく分担する意識を持ちましょう。誰かに助けを求めることは、怠けでも弱さでもなく、〝賢い〟手段です。

自分がどういうふうにこれまで自己犠牲を払ってきたのかを認識し、「自分を愛する」と「周囲の人を愛する」のバランスをうまく取ることによって、50代の女性は、自分らしい生き方と良好な人間関係を手に入れられるのだと思います。

FOR WELL AGING
——
そろそろ自分ファーストになっても良い年代

◈「もう50代だから」の思い込みを捨てる

1970～80年代にかけての大きな経済的変動を経験している私たち50代は、高度経済成長の終焉やバブルの崩壊を目の当たりにした世代です。

その後、女性の社会進出が進み、昔ながらの男女の役割に対する見方が少しずつ変わりました。そして、近年はテクノロジーの進化やグローバル化の波にも直面しています。

このような社会的背景の中、教育熱心な時代に育ち、競争の激しい環境の中でさまざまな経験を経ている今の50代は、その分、価値観の多様性に富んでいる世代ともいえるのではないかと思います。女性のキャリア意識が高まり始めた頃に社会人となったこともその一因でしょう。

また、家庭と仕事との両立に重きを置き、しがらみと闘ってきた経験がある方も多いと思います。

そんな経済や社会の度重なる変化に対応し続けてきた結果、私たちは適応力と柔軟性が養われた世代としてもっと自信を持ってもいいはずだと思います。しかしその一方で、多くの「こうでなければいけない」というステレオタイプにとらわれているようにも感じるのです。

例えば、「年齢に相応しい振る舞いをするべき」という思い込みです。

「この年でこんな趣味を持つのはみっともない」

「今さら新しいことを勉強するなんて無理」

「このファッションは若い人向けだから自分には似合わない」

などなど、50代の年代に応じた行動、趣味、スタイルが求められていると思い込んでいるのです。

新しい流行にはついていけないという気持ち、また、PCやスマホなど新しい技術に適応することに不安を感じ、「自分は時代遅れな人間だ」と思い込んで、覚えることを諦めてしまう人も少なくありません。

私生活においても、社会的に期待されている理想の母親、妻、娘になれるよう、自分で自分を制限してしまうこともあるでしょう。

確かに、日本の女性は年齢や役割に応じた一定の振る舞いが求められてきたと思います。一般的に「適切」「妥当」「年相応」とされる振る舞いはもちろん大切ですが、そればかりを優先するのはそろそろ脱却しても良い頃合いかもしれないなと思います。

「もう50代」ではなく「まだ50代」と捉える。だって「人生100年」の時代、まだまだ中間地点です！

「こうでなくてはならない」という〝must〟は一旦捨てて、「こうしたい」、「こうなりたい」という自分の本当の気持ち〝want〟に向き合ってみるのはどうでしょうか？

思い込みを捨てて「自分自身を見つめ直し、自分に素直に生きる」ことに重きを置いてみませんか？

やりたいこと、欲しいもの、そのすべてを手に入れるのは難しいとしても、「そんな欲望を持つ自分を認める」だけでも軽やかな生き方ができるのではないでしょうか。

目まぐるしく変わる社会に対応し、生き抜いてきた50代女性だからこそ、自分で思っている以上の可能性を秘めているかもしれませんよね。

これからの人生をもっと楽しく、充実したものにするためには、自分自身の可能性を狭めるような思い込みは不要です。「50代の女性だから」というだけで、自分の可能性を潰していたらもったいないですよね。

どんな小さなことでも構わないので、自分の内なる〝want〟を自覚して実行してみることから始めてみませんか。

例えば、ピンクが好きだけど「50代の自分には派手だから」とか、「私には似合わない」と思って身に着けるのを諦めていたのなら、思い切って挑戦してみるとか、恥ずかしいと思って口に出せずにいた大好きなアイドルを〝推し〟と公言してコンサートに行ってみるとか、そんなちょっとした意識の変化でも日々の生活はきっと明るくなるはずです。

FOR WELL AGING

〝must〟ではなく〝want〟に向き合う

COLUMN

ワールドカップには ニセの王様がいっぱい!?

2002年ワールドカップのVIP対応、プロトコール業務の大変なこととして思い出すのが、「ニセの王様退治」です。

サウジアラビアなどの中東の出場国だと、「自称王様」が何人もいらっしゃるのです。要するにニセモノなのですが、彼らの対応が大変でした。「自分は王様だ」というゲストを上手くはじくのが大変でした。本物もまだ到着されていないタイミングなので、（本当にそうなのかな？　どうなんだろう？）（なんか怪しい、これは違うぞ）といったように、探り探りの接客を強いられました。本物の王様は自らを強く主張することなく、その風格だけで存在感を示されます。一方で、ニセ王様の「自分が王様だ！」という強すぎる主張は、やはり疑念を抱かせるものでした。

また、アフリカの国々のゲストもなかなか個性的で、チケットではなく「チケットが入っていた封筒」を持参して入れろと要求してくる人が何人もいらっしゃいました。チケットのない方を入れることは絶対にできないので、必死で追い返したものです。

今では、QRコードなどで対応するでしょうから、そんな技は使えなくなりましたね。

また、皇室の方々やその他高位のゲストがご臨席される際には、到着時間や案内の順序など、事前の段取りが重要でした。キックオフ前の忙しい時間帯に、繊細に気を配り、どのゲストもスムーズにご案内することは、計り知れない高揚感と達成感をもたらしました。

そんな中で、特に慎重さが求められたのが、エレベーターやお帰りの際の乗車のハンドリングです。序列に沿った待機の指示や、予期せぬ遅れに対する瞬時の判断が必要とされる場面もありました。更には、国内の著名な政治家や企業のトップとの序列が通常とは異なる場合もあり、その場の状況に応じた迅速かつ適切な対応が求められたのです。

このような複雑な状況の中でも、私たちは日本のおもてなしの心をもって、FIFAのエグゼクティブコミッティの方々からも称賛の言葉をいただくことができました。スタッフたちとハグし合い、共に成し遂げた喜びを分かち合えたのは、私にとって忘れられない瞬間です。

CHAPTER 2

50代の努力は「ちょっと」が良い

より良いエイジングのためには、やはり努力は欠かせません。でも、この年代になるとすでにいろいろなことを今まで頑張ってきましたよね。もうがむしゃらにならず、ほんの少し意識を変えることで、もっと素敵な生き方ができるいくつかのアイデアを提案します。

◈もうちょっと自分のことを知る

私は、これまで仕事においてたくさんの女性と関わってきました。

人間、誰しも「長所」と「短所」を持ち合わせているので、個々に合わせてアドバイスをさせていただいています。勘の良い方は、1回指導しただけでも理解して実行に移せますが、そうでない方もたくさんいるので、成長のスピードも十人十色であることを意識しながら指導に当たっています。

実際、年齢や経験によるスピードの差というよりは、やはり個人の資質によるところが大きいと常々感じます。50代になって、不得意なことを得意にするというのはとても難しいことなのです。

だからこそ、長所を活かした指導を行い、良いところを伸ばし、長所が発揮できる場所で仕事をして、活躍できるような配慮をさせていただいています。

それは、短所を解消することにエネルギーを使うよりも、遥かに効率的で、成長のスピードどうこうよりも、何度かやってもダメなものはダメと潔く割り切り、無理をしないほうが得策だと実感しているから。

例えば、いつも少し時間に遅れる、注意不足で忘れ物やうっかりミスが多いといった基本的な性質を50代から直すというのはとても大変です。

そういう方と仕事をする時は、早めに集合時間を伝えたり、用意するもののチェックリストを作ったり、忘れそうなものをあらかじめ用意したりといった対策をこちらで取ることもあります。

叱ったり注意したりすることに労力を割くよりは、その人の「短所」を補いながら、「長所」を伸ばしていったほうが双方のストレスもなく、円滑に仕事が進みます。何よりこのほうが、ご本人の才能もより輝くのです。

50代になったら、「私はこういう時にミスをしてしまいがちだな」「でもこういう場面だと気配り・目配りができて人のフォローにも回れる」など自分の短所や長所は、自分自身でしっかり把握しておくと、本人も周囲もストレスが減らせます。

短所を改善する努力はもちろん前向きで素晴らしいことですし、そうした努力を続けるのがベターですが、今からはそれ以上に自分の長所を伸ばし、得意な能力を発揮することを意識していくほうが楽しいと思います。

そのためにはまず長所を自分で把握すること。日本人は、腰が低く謙遜しがちな傾向にあるため、短所はスラスラ出てくるものの、自分の長所を聞かれるとパッと答えられない人が多いようです。

長所がすぐに思い当たらない人は、これまで仕事で達成感を味わった経験、人から褒められた経験、感謝された経験などを思い出し、自分の長所をあぶり出してみましょう。

また、得手・不得手だけでなく、自分のメンタルや体調に関しても同じように考えることができます。

例えば、「私はこういう時に落ち込んで、モチベーションが下がってしまう」「こういう場面でやる気がみなぎる！」などなど、メンタルの傾向を自分で把握しておくと気持ちや事前の準備がしやすくなりますよね。

特に体調に関しては、50代に入ると一層気をつけて変化に敏感になっておくくらいが良いのではないでしょうか。それまでは大丈夫だったことが加齢に伴い難しくなるというのは珍しくありませんよね。
遠出をした次の日は足腰が痛い、天気が悪いと頭痛がする、休み明けの午前中はなかなか調子が出ない、更年期障害による不調があるなど、「今の自分」の体調の傾向も気遣っていきましょう。

自分の性格、身体のことは誰よりも自分自身が把握し、自分自身で労ってあげることが大切です。ちょっと意識さえしていれば、そんなに難しいことではありません。日記をつけておくのも良いですね。
自分のことをきちんと把握していると、場合によっては周囲に伝えてフォローしてもらうこともできます。周りにいる人たちもあなたをよりよく知ることで働きやすくなるという側面もあるので、ぜひトライしてみてください。

FOR WELL AGING
――
自分自身のことを把握し、長所を伸ばす

◈無理せず「ちょっと手伝って」と言えるようにする

最近、仕事をしていて自分のパフォーマンスが100％ではないと感じることがあります。

アイデアがなかなか浮かばない、以前と比べてすぐに集中力が切れてしまう、長時間労働後、回復するのに時間がかかる、ケアレスミスをしてしまう、などなど。

もうすぐ60代とはいえ、自分ではまだそんなに変わっていないつもりでいましたが、やはり今までとは違うのだなと正直モヤモヤする日々です。

ですが、こういった感覚を覚えたこともすべては人生の糧、と言い聞かせ、「これまでにはできなかった経験をしている」とプラスに受け取ることにしています。

自分の能力が100％出せなかったとしても、仕事は一人でするものではありません。チームとして100％以上のパフォーマンスができるように、今の自分の状態を周囲に知らせ、サポートしてもらいながら協力することが大切なのだと痛感している次第です。

私もそうですが、大抵の方は自分の衰えを自覚すると、それをカバーするためにがむしゃらに頑張ってしまう傾向にあると思います。

しかし、それをしても衰えに勝てるはずもなく、かえって疲弊してパフォーマンスを下げ、周りに迷惑をかける可能性だってあります。頑張ることはとても大切ですが、これからはある程度の基準を設け、できないことは人にサポートしてもらったり「こういうところをフォローしてほしい」と周囲に声掛けしたりすることが大切になってくるのではないでしょうか?

この年代だからこそ頑張らなくてはいけないという気持ちもあるのが当然ですが、それだけでは、心身ともに疲れ果ててしまいます。

自分一人でできないことがあれば、意固地にならず、素直に「助けてほしい」と言えるようになることも素敵な年の重ね方だと思うのです。

　また、そうした自分の弱さを口にすることで、周囲の人も同じように自分の弱いところを伝えやすくなります。結果として、自分も周りの人も働きやすく、生きやすくしてくれるでしょう。

　少し発想を変えてみれば、50代の女性が仕事やプライベートで困難に直面した時、周囲に助けを求めることのメリットは意外とたくさんあるのではないかと思います。

例えば、周囲に助けを求めることで、その問題を解決するための新しい視点やアイデアをもらうことができますよね。50代は経験こそ豊富ですが、若い人の知恵やアイデアを借りることでより自分の視野を広げられるという考え方も可能です。

　それに、職場や家庭で助けを求めるということは、実はより良い人間関係を作ることにも繋がるのです。なぜなら、人は、他人から助けを求められた時に信頼感を感じ、より強い絆を結ぶことができるからです。

　周りの人に助けを求めることは決して恥ずかしいことではなく、自分自身の成長、人間関係の強化、ストレスの軽減、そして新しい視点を得ることにも繋がると考えれば意外とポジティブなものでもあると思います。

人に素直に助けを求めるということは、余計なプライドがあってはできないことです。見栄を張ったり、カッコつけたり、マウントを取ったり……。そういう自分を「良く見せたい」という鎧のようなものを一枚ずつ剥いでいく年齢と思えば、「助けてほしい」と口にするのはその最初のステップとしてもちょうど良いかもしれません。

今から更に仕事やプライベートを充実させるためのステップとして、「ちょっと手伝って」の一言を素直に口にできるようになりましょう！

FOR WELL AGING

ヘルプを求めるのは恥ずかしいことではないと知る

◈褒められたらちょっとポジティブな言葉で返す

50代にもなると、さまざまな面での老化が気になり、自己肯定感が下がっていきますよね。

その一方で、忘れてはいけないのが、内面に関して私たち人間は「生涯成長できる生き物」ということ！

老化に歯止めをかけるのは難しいですが、成長できないことはないのです。そうした自己肯定感を高めるために意外と大切なのが、「褒められ上手になること」だと私は考えています。

日本人は褒められた時に「いえいえ、そんなことないですよ。私なんて」といった具合に謙遜をすることが多いです。

けれど、これって、「褒められたら謙遜しておくべき」という思い込みで思考停止してしまっているのではないでしょうか？

謙遜してマイナスになることはないでしょうが、プラスにもならないなと思うのです。

例えば「いつもオシャレで素敵ですね！」「先日のあのお仕事素晴らしかったですね」などと褒められた際に、「いえいえ、そんなことないですよ」と返すと相手はそれ以上言うことがなく、会話は終わってしまいます。会話を発展させたほうがより自分を知ってもらえますし、相手との人間関係ももっと深まりますよね。

そこで、50代になった今は、褒められたなら積極的にポジティブさや明るさを全面に出していくことをおすすめします。それにより、自分も周囲も、気持ちが華やぎ、ポジティブな気持ちを循環させることができると思うのです。

褒められて当然のような態度を取るのはナンセンスですが、素直に「ありがとうございます！」と明るく受け止めてみてはどうでしょう？

例えば、私は、打ち合わせの日には、ちょっと顔映りが良くなるような明るい色合いのお洋服を選んでいます。

そしてその洋服を褒められた時は、感謝を述べ、なぜこの洋服にしたのか（顔映りが良い色だから）という理由を軽くお話ししています。本当にちょっとしたことですが、ただ謙遜するよりも相手との会話が生まれ、その後も話しやすい空気を作るきっかけになるのです。

これを普段から意識していくと、プラスのオーラが加わり、場の雰囲気もリラックスさせることができるようになるのではないでしょうか。

更に、「○○さんのお洋服もとても素敵ですね。どちらで買ったんですか？」「○○さんの先日のプロジェクトも素晴らしかったですよ！」と、「褒め返し」をするとより良いですね。

そうすることによって、相手の気分をちょっと良くすることができます。「○○さんに褒めていただけるなんて、今日1日幸せに過ごせますよ～」なんて冗談交じりの返しをしてみてもいいかもしれません。

ただし、同じ言葉でも相手の受け取り方には個人差があるので、反応を見ながら人によって対応を変えることも忘れないようにしましょう。

褒められた時に、謙遜よりももっと避けるべきなのは、（どうせお世辞でしょ）（本心ではそんなこと思ってるわけない）といった卑屈な受け取り方をすることです。

仮にそう感じる言い方をされたとしても、そういう時こそ、笑顔でポジティブな返しをすることを心がけてください。

言霊なんてよくいいますが、言葉には不思議な力があります。

ポジティブな言葉を使えば使うほど、自分のマインドにも変化が現れ、どんどんポジティブになっていきます。

逆にネガティブなことばかり言う人は、どんどんネガティブな思考に陥ってしまうわけです。

言葉の力を信じ、ポジティブで明るい雰囲気を常に意識していきましょう！

FOR WELL AGING

褒められ上手はウェルエイジングの近道！

◈日常にちょっとした喜びを見つける

平凡な日常に隠された小さな喜びを見つけること。

これは、生きていく上でとても大切な能力だと感じます。

年齢を重ねると、人生の大きな節目や成功に目が行きがちですが、普段の何気ない日常に喜びを見つけられる人ほど、人生に充実感を感じられるのではないかと思います。

50代の女性にとって、当たり前の日常に喜びを感じることが、これからの人生を豊かに送る一つのカギになるでしょう。

何気ないことから喜びを見出すのは、意識していないと難しいことかもしれません。

清々しい朝の光、かすかに聞こえる小鳥のさえずり、淹れたてのコーヒーの香り、仕事終わりの一杯、1日の日課を終えた後のリラックスタイム……。

これらは、一見すると何の変哲もない日常の1コマですが、少し自分の感覚を研ぎ澄ませれば、例えば、美味しい、キレイ、嬉しい、楽しいといった「喜び」の感情が見つかるのではないでしょうか。

50代ともなると、毎日の生活がルーティン化していて、新鮮な気持ちを感じにくくなります。仕事にしても家庭にしても、若い頃ほどの刺激は得られないかもしれません。

しかし、この年代になったからこそ、日々に新鮮さを取り入れ、喜びを連鎖させていくことが大切なのです。

毎日のルーティンに刺激がないと感じているなら「日常から一歩踏み出すこと」が必要なのではないかと思います。

私は、50代になって、ヨットと出会いました。

その出会いによって、それまで幾度となく見てきたはずの海の青さ、空の美しさにあらためて感動したのです。

ヨットに乗った日の心地良い疲れもまた、私にとって小さな喜びです。

新しい趣味に取り組んでみる、行ったことのない場所に行ってみる、新しいことを勉強してみるなど、小さなことでも新しい挑戦は、心地の良い刺激となり、日々の生活に新たな彩りを加えてくれます。

何よりも自分自身が「小さな幸せ、喜びを見つける」という意識を持つことが大切です。ＳＮＳにアップして誰かと共有する、スケジュール帳に一言メモするなど、日々の「ちょっとした良いこと」を意識的に捉えることで、人生はより豊かになり、幸福度が高まります。


そして、小さな喜びを敏感にキャッチするためには心と身体の健康にも少し心を配りましょう。適度な運動、バランスのとれた食事、十分な睡眠は、身体の調子を整えるだけではなく、心の中をも整えます。

また、日常から切り離すことのできない友人や家族との人間関係もより深く育てていく意識が大切ではないかと思います。

家族もそうですが、自分と波長の合う友人はなかなか簡単に見つかるものではなく、本当に貴重です。

付き合いが長いといろいろなことが当たり前となり、「なあなあ」の関係になってしまいがちですが、あらためてその存在に感謝すること。

それによって友達との会話や、家族で共有する時間は、また新しい視点をもたらし、気づきや楽しさを生んでくれるものになるのではないでしょうか。

そして何よりも、日々の中で自分自身と向き合う時間を大切にしてください。読書、音楽鑑賞など、自分の好きなことに没頭する時間は、心の健康のために欠かせない時間です。心が健康でなければ、喜びを感じることそのものが不可能になってしまいます。

50代は、これまでの人生で見落としてきた幸せの種を再発見できる時期だと心に留め置いて、1日1日を丁寧に過ごしたいですね。

FOR
WELL
AGING

日常に喜びを感じられなくなったら新たなチャレンジをする

◈「断る力」をちょっと磨く

頼まれると断れないタイプの方ってたくさんいますよね。

そんなに乗り気じゃないけれど、相手の気分を害したくなくてつい「イエス」と言ってしまったり、強く押されると断れない雰囲気を感じて頷いてしまったり……。そうやって一度受け入れると尚更「ノー」と言い出しにくくなり、結果的にストレスを溜め込むのであまり良いこととはいえません。でもそのくらい、50代の女性はさまざまな場面で何かとお願いされがちな「頼りがいのある存在」ともいえます。

50代は、自己認識が深まると同時に、他人についてもより理解が深まります。合う・合わない、重要かそうでないかが自分の中で明確になるのですね。

断るということは、つまり、自分にとっての重要度を見極め、どのように時間を割り振るか、ということでもあります。

時間は当然、有限です。優先順位を設定することが何よりも自分らしく生きるコツです。そしてそれを守るために「断る力」は欠かせません。

間違わないでほしいのが、「断る力」というのは、人を拒絶する力ではないという点。そうではなく、「コミュニケーションの中で自分の意見を述べ、相手を尊重しながら付き合う能力」のことです。

これには、自分の選択肢に対する罪悪感を払拭すること、自分の意思を尊重することが大切です。

「ノー」と言う勇気を持つことで、自分の時間とエネルギーを守れますし、結果的に他人との関係を円滑にすることにも繋がります。

そして、何よりも自分の意志・意見・選択を自分で肯定し、信じることで、「他人からの承認に依存しない強さ」も生まれるのではないでしょうか。

断る力は、健全な人間関係を築くための基礎力ともいえます。

より明るく、自立し、充実した豊かな人生を送るために、ぜひこの力を磨くことを心がけてみてください。

また、何かを断りたい時には、以下のようなポイントに注意することで、不要ないざこざを避けられます。

断る理由は分かりやすく簡潔に

長々と断る理由を述べると、誤解が生じやすくなります。断りの連絡は分かりやすく、簡潔に行うことが大切です。

感謝の気持ちを忘れない

状況にもよりますが、頼られること、誘われることそれ自体は決して悪いことではありません。むしろ、自分を必要としてくれていると理解し、まずは感謝するという姿勢を忘れないようにしましょう。

代わりのアイデアを提案する

断るにあたり、代替案を提案すれば「あなたに協力したい気持ちはあります」という意志を示すことになり、相手との関係もうまくいきやすくなります。

断ることは一つの「自己主張」です。上記のポイントを守れば、人間関係にダメージを与えることなく、自分を優しく守れます。

まずは、断る前に「なぜ断るのか」を自分の中で明確にし、必要に応じて相手に伝えましょう。

また、言葉だけではなく、身振り手振り、表情など、相手に不快感を与えないようにする気遣いも必要ですね。おどおどしたり、冷たい物言いになったりしないように気をつけましょう（メールやＬＩＮＥの場合は特に）。

断り方のエチケットを学べば、断ることは何も怖いことではなくなります。

そうして断る力がつけば時間にもメンタルにも余裕が生まれ、人生を主体的に生きる第一歩を踏み出すことができるのではないでしょうか。

自信を持って「ノー」と言う勇気、ぜひ身につけてください！

FOR WELL AGING

——

断り力アップ＝ストレス減＋円滑な人間関係

◈「教える」より「ちょっと共有する」くらいがいい

年齢を重ねることとの最大のメリットは、「経験値」が増えることです。人は、長く生きれば生きるほど、人生経験を積んでいきます。良いことも悪いことも、日々学んでいるのです。

また、50年も生きていれば、人生のターニングポイントも何度か経験しているはずです。「あの時頑張ったから今がある」と自信を持って言えることもあれば、「あの時頑張ればよかった」なんて後悔がある人ももしかしたらいるかもしれません。

そういう経験を自分だけのもので終わらせてしまわず、自分よりも下の世代に伝え、活かしてもらうという意識を持つこと。それが、素敵な年齢の重ね方に繋がるのではないかと思います。

といっても「人生とは」なんて大それたことを言う必要はありません。仕事・家事・育児を経験してみた結果のちょっとした気づきを話してあげるだけで良いのです。

自分のできること・知っていることは惜しみなく伝えてあげる、それだけです。「教える」といった上から目線の言葉ではなく、「共有する」というほうがしっくり来るかもしれませんね。

「こういうことがあったから共有するね」くらいの気軽さがあると、親しみやすく、偉そうな人、マウントを取ってくる人とは思われずに、「話しやすい人」、「親切な人」として良い人間関係を築くことができます。そうなれば、一緒に仕事をしてくれる仲間、協力してくれる人も増えて、求められる人材になれるのです。

一緒に働く若い世代の人から嫌われてしまうと、仕事はやがてなくなります。逆にそこの関係をうまく築ければ、いつまでも仕事ができる環境を作ることができるのです。

年上という立場になると、気を遣われることは当然多くなりますが、そんな中でも若い人が寄ってくる人とそうではない人がいます。

私は、この差は「分からないことを聞きやすい雰囲気、聞きにくい雰囲気」にあると思っています。

「伝える」よりも「教える」姿勢の強い人は、マウントを取っていると勘違いされがち。「教える」という態度は、場合によっては相手より優位であると誇示しているように見えてしまうからです。

そうならないためにも、改まらずに自然なタイミングで「情報を共有する」ことが大切です。例えば、何か失敗があった時、その場で「私も同じミスをしてしまったことがあるんだよね。だから、ここはこういうところに気をつけると良いよ」と声をかけてあげます。

状況にもよりますが、そういうことをスッと言える人はそう多くはありません。よくある悪い例としては、「ちょっとこっちに来てくれる?」と後で仰々しく呼び出し、アドバイスする方法です。相手も身構えますし、あまり気分も良くありませんよね。下手をすると周囲にも「あの人これから叱られるんだ」と思わせてしまい、本人のプライドを傷つけることになります。

その場でさらりとアドバイスを受けたほうが受け取る側も素直に実践に移せるのではないかと思います。

繰り返しになりますが、大切なのは「教える」ではなく「共有する」こと!

情報を共有することは、世代間の架け橋にもなります。若い世代が私たち50代の女性の経験を学ぶことによって、新たなアイデアや解決策に繋げることもできるでしょう。私たちの過去の経験や知恵を新しい視点で見ることで、気づきが生まれることもあります。

自らの経験を共有するということは、年を重ねてきた私たち自身にとっても有意義なことです。自分の培ってきた知識やＨｏｗＴｏが次の世代へ受け継がれるバトンであると想像してみてください。その相手は、更にそれをブラッシュアップして、後輩の誰かに伝えていくかもしれませんよね。

経験を下の世代に伝えることは、単なる思い出話やマウントの道具ではなく、皆にとってより良い未来を創造するステップになり得るのです。

FOR WELL AGING

共有することで経験は受け継がれ、未来に活かされていく

年下には上でも下でもなく「ちょっと横から」行く

私たちの会社では、若いスタッフとベテランスタッフでタッグを組んで仕事をしてもらうことがよくあります。そういった体制で仕事を割り振っていると、若い人と相性の良い50代の方、そうでもない50代の方がはっきりと見えてきます。

では、その差は何かというと、先ほども紹介した通りマウントを取っているような言動になっているかいないかというところです。キャリアのある50代の女性は当然、若い人たちよりも経験豊富です。だからこそ、「教える」行為がマウントを取っているように勘違いされがちなのです。

私は、若い頃、マウントタイプの先輩に対しては最初から下手に出て、先輩を立てるように心がけていました。その甲斐あってか、マウントを取られて嫌な思いをしたことはほとんどなく、可愛がられたほうだと自負しています。

結果的にこれは双方の問題になりますが、マウントを取らせてしまうのは、距離感の取り方がうまくできていないからだと思います。動物なんかも同じですが、真正面から行けば、ケンカにもなります。弱い犬は目が合わないように目を逸らすそうです。気の合わなさそうな相手と真っ向勝負しようとするのは、得策ではないということですね。

目上の人に対しては、基本姿勢として「下手に出ること」で衝突を回避しやすくなります。そういう距離感の取り方は、若い世代の方も然りですが、50代の女性も理解しておくと、より働きやすく、生きやすくなると思います。

しかし、50代にもなると、年上よりも年下とのコミュニケーションの取り方に悩むほうが多いのではないかと思います。

偉そうに思われたくないけど、なめられたくもない。気軽に話しかけてほしいけど、ちょっとはリスペクトもしてほしい。複雑ですよね（笑）。

例えば、20～30代の苦手な女性がいるとするならば、まず気をつけるべきは、「上から目線」にならないこと。では下手に出れば良いのかというと、それは年齢的にも無理がありますし、逆に気を遣わせてしまうことにも繋がり、あまり距離が縮まりません。

そこでおすすめなのが「ちょっと横から行く」方法です！

上でもなく、下でもなく、真正面でもなく、「横から」です。「ちょっと」というのはなんとなく気づけば隣にいる、というようなイメージです。

隣に寄り添うようにして近付いてみると相手のガードもゆるくなり、打ち解けやすくなるのです。まずは、以下を試してみてください。

相手の意見や気持ちを理解しようとする

目下の人と話す時は、「若いから」といった先入観を持たず、同年代の友人と同じように相手の意見や感情に「共感」するようにしてください。

アドバイスではなく、サポートする

意見を求められるまではアドバイスを避け、あくまでもサポートする立ち位置で相手を見守るように意識します。

経験を共有する

先の項目でもお伝えしましたが、自分の経験談を話すことは、相手にとって学びになります。ただ、上から目線にならず「教える」よりも「伝える」姿勢を貫きましょう。

こまめに褒める

相手の努力や成果を認め、褒めることも大切です。さりげなく褒めて、自信やモチベーションに繋げてあげましょう。

ちょっとした心がけで、若い世代に好かれる先輩になることができます。ぜひ、実践してみてくださいね。

FOR WELL AGING

下の世代には威張らず卑屈にならず「寄り添う」姿勢で！

◈気遣いは「ちょっと先」を見る

仕事が円滑に進むように、また、一緒に働く仲間の居心地が良いように配慮することは、大人のマナーとして当然のことだと思います。相手に「気を遣わせている」と思われないいくらいのさり気ない気遣いができるようになると、更に素敵だと思います。私はこういうさり気ない気遣いを「半歩先の気遣い」と呼んでいます。

いかにも「気遣いしています！」というアピールをするのは、スマートではないので、相手の負担にならない程度の気遣いを心がけています。

「半歩先の気遣い」は、相手のしてほしいことや思っている感情を敏感に察知し、行動することです。

これには、細やかな配慮や洞察力が求められますが、さまざまな場面で有効です。いくつか具体例を挙げますので、参考にしてみてください。

話しやすい空気をつくる

相手が何か言いたそうにしていることを察知して「○○さんはどう思う?」などとさりげなく話を振ります。意見を言うべきか悩んでいる相手に対し、安心して意見を言える空気を作れればと思っています。

ストレス解消役になる

誰かがストレスを感じている時、不安・不満を感じていそうな時に、話を聞いてあげたり、「ちょっと休憩する?」「お菓子でも食べようか」と何か気晴らしになることを提案します。

プライバシーを尊重する

相手がプライベートな話をしたがらないのであれば、サッと別の話題に切り替えるようにします。

ここに挙げたような気遣いは、相手の立場に立って物事を考えること、その人の必要としていることや感じていることに理解を示して、それに合わせて行動するというだけのことですが、なかなか簡単ではありません。

もちろん、私も完璧にできているわけではなく、そうできるように日々努力しています。

こういう気遣いのスキルは一朝一夕で身につくものではないので、日頃から次のような点を意識しておくと良いかと思います。

観察力を養う

周囲の人の言葉や表情、リアクションを日頃から観察し、その奥にある感情やニーズを読み取るクセをつけます。

人の話にじっくり耳を傾ける

相手の話を聞く時は、共感する姿勢が基本。相手の話を遮らず、最後までしっかりと聞き、質問して深掘りしていくことも大切です。

感謝の気持ちを表す

周囲の人が自分にしてくれた小さな気遣いに感謝し、「ありがとう」の気持ちを伝える習慣をつけましょう。自分がしてもらって嬉しかったことは、他人にもしてあげようと思えるようになります。

ストレスを管理する

ストレスをうまくコントロールすることによって、心に余裕が生まれます。余裕がないと他人への気遣いはできません。

半歩先の気遣いは人間関係の潤滑油になります。気遣いは誰かのためのものですが、自分自身が居心地良く過ごすためのコツでもあるのです。

FOR WELL AGING
――人にも自分にも負担のない気遣いを目指す

◈観察眼と実行力をちょっと磨いておく

ＣＡは、何か仕事をする時に、誰かと同じ作業をしないように教わっています。誰かがやっていることにもしヘルプが必要なら、声がかかります。それがないということは、「同じ作業をする人はいらない」という結論に至るわけです。「今、あの人がこの作業をしてくれているから、私は、彼女のしていないこの作業をしよう！」そんなふうに思考回路を働かせることができるのですね。

私の周りには元ＣＡがたくさんいるので、「私がこの作業をしているから、あなたはこっちの作業をしてね」とわざわざ言わなくても「私がこっちやりますね」と声をかけてくれる、あるいは何も言わず行動してくれているので、仕事がしやすいのです。

私たちが働いていた飛行機の中は、とても狭い空間なので、こういう「阿吽《あうん》の呼吸」があると作業効率がグッと上がります。はじめのうちはそれに慣れず、先輩が仕事をしているのを見て「手伝います！」と駆け寄ってしまったことが何度となくありました。今では、人がやっていることを手伝う前に、他にもやるべき仕事があるということがよく分かります。

誰かを手伝って同じ作業をするというのももちろん大切な仕事ですが、「今ここで新たに自分がやるべき作業」を探す能力というのはさまざまな場所で役に立つものです。

今作業をしている人とは別の視点を持つという能力は、仕事ばかりでなく、習い事や趣味の場、ホームパーティやアウトドアのレジャーの時などにも活かせる「ちょっと上の気の利かせ方」です。

例えばホームパーティで「あの人がお皿を出して料理を盛り付けているから私は飲み物の準備をしよう」「あっちのゴミを片付けておこう」などといった気遣いもそうですね。

仕事でも、チームプロジェクトで同僚がプレゼンテーションのスライドを作成しているなら、あなたはレポートの執筆やデータ分析を引き受けることで、チームの効率を高めることができます。

このように、状況を把握して必要なところに力を投入することは、あらゆる作業をスムーズに効率良く回し、生産性を高めるカギとなります。

細やかな気遣いのできる50代、60代になるためにも、こうした観察力、自発的に行動する力を養っていきたいところですよね。

そのためには、次の2点を頭の片隅に入れておきましょう。

1 周囲をよく見る

まずは周囲を見回して、今の状況や人間関係をより深く理解しようとすること大切です。

そうすれば「あの人は次に○○をするな」「この後○○が起こりそうだな」といった小さな変化を察知し、言われる前に行動に移せるようになります。また、日頃から周囲の人の話に耳を傾け、共感することによって、相手の立場に立って物事を考えられるようになってきます。暇な時は、周囲の状況にアンテナを張り巡らせることを意識しましょう。

2 実行力、自分がやるという意識を持つ

サッと動けるようになるためには、まず「誰かがやってくれる」という意識を捨てること。

誰かに言われてから手伝うといった受け身な姿勢ではなく、自らが率先して動くという意識を持つことによって、周囲からの好感度は上がり、信頼されるようになります。

この2つの能力を磨くことで、より人間関係が豊かになり、仕事でも趣味でも、一層のやりがいを感じられるようになるでしょう。

FOR WELL AGING

観察眼と実行力で活躍の場はもっと広がる

◈プチプラでちょっとトレンドを取り入れる

ＣＡというと「華やかなルックス」という印象があるかと思いますが、それは制服のお陰という側面も大きく、ファッションに無頓着な方も少なくありません。

弊社の仕事では制服がなく、ベーシックなスーツで髪の毛の長い人はまとめるというパターンがほとんど。そんな中、私服の元ＣＡにお会いすると、いわゆる「コンサバ」な感じでアップデートされておらず、驚くことがあります。

時代が昔のまま止まってしまっている人と、エッジのきいたオシャレな人と両極端の印象です。

60代になってからも求められる人材になるためには、古臭くない印象であることが大切で、無理なく自分の容姿に気遣っている人が理想ではないかと思います。

年齢を重ねると、どんどんファッションに疎く、無頓着になっていく気持ちは私も身に覚えがないわけではありません。

しかし、若い時のまま止まってしまうのはNGです。そしてそういう方は、そのことにすら気づいていないことも多いです。あるいは、気づいているけど変えられない、どうしたら良いか分からないということもありますよね。

この年になると、周りの人もなかなかファッションについて指摘しにくくなります。若い頃に買った高級なものを長く大切に着続けていることはとても良いことですが、その人を「古臭く、アップデートできていない人」と見せてしまう要因になっているのはとてももったいないです。

どんなにシンプルなものであっても、ファッションは時代とともに変化していくものです。'70sや'80sなどリバイバルファッションなども定期的に流行りますが、歳を重ねて体型も変わっているので、似合っていたものも似合わなくなっていることがあります。

ファッションをアップデートする第一歩としておすすめなのは、自分を客観視することです。本当に今のファッションが似合っているか、周囲の人に尋ねてみるのも良いでしょう。

街に出た時は、同世代の女性のファッションをこまめに観察するように心がけるのも一つの手ですね。

また、若い世代のファッションにも、取り入れられるものがたくさんあります。キレイめの洋服にあえてスニーカーを合わせたカジュアルな着こなし、身体のラインが強調されないゆったりしたファッションは、50代、60代の女性にも取り入れやすいトレンドではないかと思います。


そして、もう一つおすすめなのが、プチプラアイテムを取り入れること。プチプラとはプチ・プライスの略で価格が安いことを意味します。

今の時代、決して高いものが良いものではなく、安くて良いものが手に入れられるのです。(ちなみに、私が愛用しているのはユニクロのカーディガンです。黒、ネイビー、グレー、赤を持っていて、ジャケットの下に防寒対策として着込んだり、春や秋口には羽織りものとしても重宝します。軽くて荷物にもならないので、とってもおすすめです！)

例えば、大切にしてきた昔の高いお洋服にGUやユニクロといったプチプラブランドのトレンドアイテムを1点プラスするだけで、あっという間に今風のファッションに変化させることだってできます。

また、見た目に気を遣うとよりポジティブな気持ちになれるのは、何歳になっても同じですよね。ファッションに新しい風を吹き込むことは、手っ取り早くこれまでと違う自分に出会える方法だと思います。

プチプラについて詳しく知りたい方は、若い世代の人に「どこのお店に行けばいい？」なんて相談に乗ってもらえば、共通の話題もでき、ファッションに関する知識もアップデートされ、まさに一石二鳥です。

FOR WELL AGING

50代のオシャレ救世主はプチプラアイテム

◈若見えの秘訣は髪と手のちょっとしたメンテナンス

見た目の印象について忘れてはいけないのが、髪型です。ファッションもそうですが、髪型はそれ以上に古臭さを感じさせやすいポイント。

しかし、髪型というのは意外とバランスが難しく、流行に乗りすぎても「若作り感」を与えてしまうことがあります。顔周りは目が行きやすい部分でもあるので、美容師の方にも相談しながらアップデートしていくことをおすすめします。

50代の方がまずヘアスタイルに関して気にするべきは、「色」です。50代になると、大半の方が白髪に悩まされていると思います。

昨今は、白髪染めをせず、自然なグレーヘアを推奨する傾向もありますが、これから60代になってもお仕事を続けていきたいのであれば、しっかりと白髪染めをしたほうが良いのではないかと思います。

弊社のように人前に出るお仕事では、特にグレーヘアよりも、カラーリングした髪のほうが、やはり若く見えるために好まれます。

こまめなメンテナンスが必要という意味では、洋服よりもお金のかかるところかもしれません。若い頃であれば、カラーが抜けてきてもごまかせましたが、白髪が目立つようになるとだらしない印象を与えてしまいます。ここは、カラーリング専門店やセルフでのリタッチなどもうまく活用して、白髪のない髪をキープすることを心がけましょう。

洋服はプチプラでも、髪にお金をかけると、大人の女性の魅力が引き立つと感じます。更に、カラーリングだけではなく、シャンプーやトリートメントにもこだわると、より一層、清潔感が生まれます。

市販されているものの中でもちょっと良いシャンプーやトリートメントを選ぶと、髪の毛にボリューム・ツヤ感が出て、それだけで全体的に若々しい印象になるので、とてもコスパが良い美容アイテムだと思います。

ボリューム感が気になる方は、ウィッグを利用するのも一つの手です。一昔前に比べるとウィッグの質は格段に良くなっていて、手軽に着けられ、自毛と見分けがつかないものもたくさんあるようです。ファッションの一環として、ウィッグデビューしてみるのも良いのではないでしょうか？

そしてもう一箇所、ヘアスタイルの次に気にしたいのが「手」です。手は年齢が出るとよくいいますが、まさにその通り。

自分でもよく目につく部分なので、手を気遣っておくと、自分のテンションも上がります。まずは、手の荒れ・乾燥からケアし、シミの対策も行っていきましょう。

余裕があれば、ネイルにも気を遣ってみてください。私は定期的にネイルサロンに通っていて、爪の他、手全体の保湿やハンドマッサージを行っています。ネイルがキレイだと本当にテンションが上がるので、とてもおすすめです。

私のハンドクリームのお気に入りは、高いものではなく、ドラッグストアでも売られている『ユースキン』。

高保湿・低刺激・安価と文句なし！　冬場だけでなく一年中欠かせないアイテムです。

ＣＡや元ＣＡのオシャレな方だと、化粧品や美容の情報に敏感で高いものを使っている傾向にありますが、ハンドクリームに関しては、『ユースキン』を使っている人が意外と多い印象です。

値段の高いものはもちろん良いですが、毎日使うものだからこそ、リーズナブルで効果的なアイテムに落ち着くのかもしれませんね。

高級品をちまちま使うよりも、毎日たっぷり気兼ねなく使うことがケアに繋がることもあります。

ヘアケアもハンドケアもやはり自分に合う・合わないがあるので、SNSなどに溢れる商品情報などに惑わされず、いろいろ使ってみて自分にピッタリなものを見つけていきましょう。

FOR WELL AGING

洋服より髪にちょっとお金をかけたほうが若々しく素敵に見える

◈体重を嘆く前にちょっと姿勢を正す

弊社は、しばらく仕事から遠ざかっていた方も多く受け入れています。そういう方の変化は「背中」によく現れるなと日々感じています。これは弊社の業務の「人前に立つ」という性質によるところもあるかとは思いますが、仕事を再開したばかりの頃と慣れてきた頃では、歩いている後ろ姿が全然違うのです。

しばらく仕事から遠ざかっていると、なんとなく後ろ姿に緊張感がなくなります。お顔からは「仕事をやるぞ」という意気込みを感じても、後ろ姿に少しの緩みが出てしまっているのです。

しかし、仕事に慣れてくると、背中が生き生きとしてきます。活動的に仕事をすることで、私たちの背中はこんなにも変わるのかと驚かされます。「社会に出て働いている」という自負の為せる技でしょうか、自然と後ろ姿に自信と活気が蘇るのですね。

ＣＡは、訓練生時代に歩き方のトレーニングもするので、正しい歩き方や姿勢が身についている人が多いです。

私も、姿勢は今でも意識していて、頭が前に傾かないように努めています。

特にパソコン作業が続く時は知らず知らずのうちに前のめりになり、肩が内側に丸まってしまいますが、肩甲骨を意識して時折ストレッチを行っています。

女性の美しさは、お顔立ちや体型だけではなく、後ろ姿にも表れるように思うのです。美しい後ろ姿をキープするには、正しい姿勢が欠かせません。

自分で見ることはほとんどない後ろ姿は、実はたくさんの人に見られているんです。

正しい姿勢は、胸を張り、肩をリラックスさせ、背筋を伸ばすことで生まれます。姿勢が良いと、自信や品格を感じさせる「背中」を演出することができるのです。


加齢とともに体型に変化が見られるのは当然のことで、かつての体重を維持できないのも自然なこと。

仮に、体重にはほとんど変化がなかったとしても、50代になれば、若い時のシルエットと同じとはいきませんよね。

この変化は自己肯定感を下げる要因にもなりますが、若々しさ、美しさのために理想の体重を追求する必要はないのではないかなと感じます。

過度なダイエットは健康を損なうリスクも大きいです。ダイエットがうまくいって大きく体重を減らしたとしても、常にリバウンドの恐れと戦い続けなければいけません。

20代の若い頃ならともかく、今からそうしたストレスを抱えて暮らし続けることは、私にはあまり幸せな道だとは思えないのです。

周囲の同世代や先輩方を見ていても、「美しい＝痩せている」ではないということを、年齢を重ねるにつれ強く感じるようになりました。

中高年と呼ばれる年代で美しさを感じさせる女性は、まず印象として明るく、健康的です。この年代になっても体重・体型を気にする美意識の高さを持ち続けていることはとても素敵ですが、心身の健康が第一であることを忘れないでいただきたいのです。

年齢を重ねてきたからこそ、体重という目先の数字にとらわれることなく、健康の上に成り立つ「美」を追求するほうがポジティブに楽しく生きられるのではないかと思います。

それらを踏まえて、私は、体重や体型を気にするよりもまず提案したいのが、「姿勢を正すこと」なのです。

正しい姿勢は、ダイエットよりも簡単にストレスなく、見た目の印象を変えてくれるもの。

普段から猫背にならないよう気をつける、座る時も背筋を伸ばす、歩く時はかかとから着地する……そういった点をちょっと意識するだけでも見え方はグンと変わってきます。

体重に気を取られる前に、まずは姿勢を意識し、「背中美人」を目指していきましょう!

FOR WELL AGING

無理なダイエットより、姿勢を意識する

COLUMN

コミュ力抜群！ CAあるある

CAは、語学に長け、コミュニケーション能力も非常に高いとよくいわれます。

本書でも触れたように、彼ら彼女らは効率的なチームワークを体現しています。例えば、ある作業が機内の前方で行われている時は、他のスタッフは同じ作業をせず、後方から対応し、仕事を挟み撃ちで進めます。

他にも、いくつかあるCAならではの特性を少しご紹介しますね。

1. 迅速な情報共有

食事やブランケットの要不要などのお客様情報は、CA間で迅速に伝えられます。これは、お客様に対して同じ質問を繰り返さないような配慮のためです。

また、もっと些細なこと、例えば「あのワインはこうすると開けやすいよ」といったちょっとした仕事のコツや、仕事とは関係ないトレンド情報、美味しいお店の噂など、情報感度が非常に高いのもCAの特徴といえます。人にまつわる情報も出回るのが早く、ちょっぴりゴシップ好きな一面も……。でも、それが同じ飛行機に乗るチームの仲の良さに繋がるのかもしれませんね。

2. コミュニケーションをためらわない

CAは、旅行先での観光やグルメに関する情報は、お客様や現地の人との会話から巧みに引き出します。

機内であれ目的地であれ、状況さえ許せばCAは積極的に質問をすることをためらいません。お得情報を仕入れるために、外国でも自然にコミュニケーションを取りに行くのがCA魂なのです。

3. 芸能人との遭遇率が高い？ 謎の勘の良さ

不思議なことに、CAはプライベートでも有名人に遭遇する確率が高いようです。

例えば、2つのレストランがあり、どちらに行こう？となった時に、皆でなんとなく選んだほうに行くと有名人がいるというようなことがよくありました。

楽しいほうを選ぶ勘が鍛えられているのでしょうか？これもまた、CAならではの能力といえるでしょう。

CHAPTER

3

輝く先輩たちの50代

60代という未知の世界を前に立ちすくむ時、やはり参考になるのは先人たちの生き様です。そこで、この本を作るにあたり、私の周りの素敵な先輩女性たちに取材をさせてもらうことにしました。60を過ぎてなお自分らしく輝いていられる秘訣や、どのように悩みを乗り越えてきたのか……彼女たちの語る言葉はたくさんのヒントをくれました。

FILE

01

憧れのトップクラスCA
～未来へのビジョン～

My Rule

「年上の先輩を見て
『楽しそう、ああなりたい！』と
思える会社を作っていくのが
雇用する側の役目だと思う」

My Rule

「この先の時代は、
AI対『お節介おばさん』になるかも」

NAME: 里岡美津奈さん　AGE: 59歳

OCCUPATION: 企業コンサルタント、社外取締役(複数社)

今もきらめく憧れの先輩

里岡さんは、私のANA時代の先輩にあたる方です。天皇・皇后両陛下やイギリスのマーガレット・サッチャー元首相をはじめ、各国の国家元首のTOP VIP特別機担当乗務員として、ANA最多のフライト数を誇り、まさに「カリスマCA」と呼ぶのにふさわしい実力のある方でした。航空会社には階級があり、評価制度になっているのですが、彼女はトップクラス。厳しいけれども優しい先輩で、みんなが憧れる存在でした。

とても優秀にもかかわらず全く嫌味がなく、率直で裏表がない人柄なので、誰からも愛されるのです。

現在は、セミナーやパーソナルコーチング、コンサルタントなど、幅広く活躍されています。

著作も数多く発表されるなど精力的に活動されており、私にとってはいくつになっても眩しい存在なのです。

クオリティ・オブ・ライフの追求

50代からは、クオリティ・オブ・ライフを追求されているという里岡さん。「自分が元気な時しか付き合えないなと思う人や、しがらみだけで付き合うことはやめています」と話します。また、「流行っているからとか、他の人が◯◯しているから、という理由で流されることもなくなった」。

ご自分の見た目に関してもよりシンプルを追求しているようで、お化粧にかける時間もどんどん短くなっているそう。「お化粧よりも、体調のほうが重要かなと思います。顔色やハリ・ツヤに出てくるから」と、飾り立てることではなく、健康美に重点を置いているというわけです。

「見た目に関しては、若い子には何をやったって敵わないわけだから、年相応の魅力で生きていく」という潔い言葉からは、この年齢なりの美しさがある、という前向きな自負が感じられました。

新たな学びと、学び続ける理由

向上心が強く、常に学び続けている里岡さんは、コンサルタントやアドバイザーという彼女の仕事に役立つスキルとして、コロナ禍に『スーパーブレイントレーニング』というメンタルトレーニングの1級コーチの資格を取得されたとのこと。

彼女に、学び続ける理由を問うと、「仕事で繋がる人を少しでも楽にしてあげたいという想いがある。あとは、少しでも社会貢献できたらいいな」。「人のため」という視点がある人は、いくつになっても成長を止めないのだと感じます。

50代からの仕事のアイデア

数々の企業のコンサルタントもされている里岡さんに「これから50代以上の『HumanBank』の人材が活躍できるような職場のアイデアはありませんか?」と聞いてみました。

すると、「化粧品やウィッグの美容部員、サプリメントやフェムテック(女性特有の健康課題をテクノロジーの力で解決するための製品やサービスのこと）の下着売場なんかもどうかな」というお答え。

「化粧品売り場に男性スタッフもいる時代。年齢の高いお客様も増えるので、悩みを理解できる同年齢の美容部員がいても良いと思う」と、さすがに鋭い視点です。

これからは「お節介おばさん」の時代⁉

人間関係の悩みについて問うと、「人間は、綺麗事だけでは動かない。楽しければ動いてくれる」。

「正しいことだけでは続かない。例えば、受験生にとって勉強は正しい選択だけど、ゲームのほうが楽しいから、ゲームをいつまでもしていたいよね。勉強が楽しいと思えるように、見方を変えてあげる必要がある。同じように、若い人たちが先輩を見て『楽しそう、ああなりたい！』と思える会社を作っていくのが雇用する側の役目だと思う」と話す里岡さんを見て、ＣＡの頃もそうでしたが、視野が広く、目先のことだけではなく未来を見つめている人だなと感じるのです。

「この先の時代は、ＡＩ対お節介おばさんになるかも」と言う里岡さん。これから人は少なくなり、ＡＩはどんどん増えていく。そんな中で、「お節介」「気づく能力」だけは、ＡＩでは発揮できない能力だから、というのがその理由でした。
「この能力が身につけばＡＩと共存できるおばさんになれるかも!?」と笑う里岡さんの明朗な声を聞いていると、この先、思いやりや気遣いといった人間らしさが今まで以上に尊ばれる時代になるのであれば、人生経験の豊富な私たちが活躍する場も広がるはず！　と明るい未来が見えてくるのです。

FOR WELL AGING

自分に必要なものを見極めて、お節介力を高める

FILE

02

60overで数々の職を兼業 ～自然体の美しさと人間的魅力～

My Rule「意識して頑張ったと言えることはありませんが、その時々の仕事は責任を持ってやってきました」

「それぞれやりがいのある仕事に恵まれ、楽しく仕事をしてきました」My Rule

NAME: 河内由美子さん　AGE: 65歳

OCCUPATION: ＪＡＬのＶＩＰアテンド業務、
フードコーディネーター
（元日本航空ＣＡ、ＪＡＬウエイズＣＡ、料理学校講師、ワインバー経営、結婚相談所コーディネーター）

CAから料理学校講師、バー経営まで豊富なキャリア

この方は、元々CAで、弊社に登録するためにコロナの時期にいらっしゃった方です。

その面接の際、目の輝きがとても印象的でした。黒のシンプルなニットのスーツを着て、ナチュラルで無駄のない若々しさと美しさを纏った方でした。所作や話し方など醸し出す雰囲気がとても素敵で、ずっと印象に残っていたため、今回連絡を取りあらためてお話を聞かせていただきました。

面接当時、彼女は63歳。その時は結婚相談所でお仕事をされていて、もうすぐ退社されるというタイミングでした。

キャリアとしては、CAを日本航空で15年、JALウェイズで10年、料理学校講師5年、フードコーディネーター10数年、ワインバー経営23年、結婚相談所コーディネーター7年。

そうそうたる経歴です。コロナ禍で、つい先頃バーを閉めたとのことでした。

当然、私は年齢を知った上で面接に臨んでいましたが、正直、「この年齢だとな

かなかうちでの仕事は難しいなあ」などと思っていたのです。

ところが、話しているうちにどんどん彼女に惹かれていきました。話せば話すほど、その言葉の奥深さに惹きつけられるのです。

こちらの質問に対しての返答の端々から、非常に真剣に向き合っていただいているという真摯な姿勢を感じました。

控えめな中ににじむ人生の厚み

「意識して頑張ったといえることはありませんが、その時々の仕事は責任をもってやってきました」

「それぞれやりがいのある仕事に恵まれ楽しく仕事をしてきました」

年齢的なこともあってか、自信満々ではない控えめな語り口も好感度が高く、その奥ゆかしさも魅力になっていました。

マウンティングや自分をひけらかすこととは全く相反するのですが、これまで長く真面目にきちんと生きてきたという自負がにじみ出ていました。

良い意味でのプライド、自信を感じさせたのです。これまでさまざまな経験をされていることをしっかりと彼女の中で噛み締め、自分の糧にしているといった印象を受けました。人生の厚みを感じさせるともいえるかもしれません。

当時は結婚相談所のお仕事をされていたので、こういう方に結婚の相談をしたくなる気持ちは分かるなと思いました。面談のたった10分、15分の中で信頼させ、優しさや包容力まで伝わってくるのです。

人生経験の豊かさを醸し出しつつも、「私の経験値、すごいでしょう！」という、無言のプレッシャーのようなものは全く感じさせませんでした。

人間的な豊かさが自然とにじみ出る方で、その点が彼女の際立った個性であり、とっても素敵だなと思いました。

自然体に、けれど真面目に生きる

現在、彼女は65歳で、弊社の紹介ではなく、ＪＡＬのアテンド業務とフードコーディネーターをされています。

コロナ禍でバーを閉めたことで気持ちを切り替え、料理学校の講師だった経験を活かし、フードコーディネーターとして仕事を始められたということです。

50代では結婚相談所のコーディネーターと並行して料理講師にバーの経営と三本柱で活躍されており、老若男女問わずさまざまな人と話をしてきたことが彼女の人間力の礎となっているのだろうなと感じます。

50代で仕事を掛け持ちする、しかもそのどれもが人と向き合い、高いコミュニケーション能力を要求される職種ということを考えると、その苦労はひとしおだっただろうと思うのですが、彼女はあくまで自然体で、努力をひけらかすようなこともありません。

「50代から今まではあっという間に過ぎたという感覚で、特に何か新たに始めたりやめたりした記憶はないんです」という言葉からも、自然体で肩肘張らず、真面目に日々を積み重ねてきたのだということが伝わるようでした。

そんな彼女は、やはり体力の衰えとの向き合い方も自然体です。

「50代のうちはまだ体力には自信があり、仕事では『少々無理をしても大丈夫』という自負があったのですが、60代に入った頃からさすがに衰えを感じ、時間的な無理はしないようにしています」

以前ほどスケジュールを密にはせず、スローペースでもこなせる量に調整している
るそう。そして更に、新たなことにも挑戦されていたのです。

「昨年はキャリアコンサルタントの資格を取り、今はそれに関わる仕事も模索していきたいと思っています。75歳までは現役で頑張りたいですね」

これまでに自分が積み重ねてきたことを大切にする。自分のキャパシティを理解した上で、肩肘張らずに努力をする。

これが長く幸せに働くコツではないかと思います。

FOR WELL AGING
無理せず威張らず自然体の努力を続ける

FILE

03

生徒を幸せにしたい
～夢のために走り続ける～

「本当に幸せだなと思ったのは、
50歳を過ぎてから」 *My Rule*

My Rule 「みんなが私のことを見て、
『この人頑張ってるから、
ちょっと私もやっちゃおうじゃないか』
って思ってくれたらいいなと思ってます」

NAME: 谷口令さん　AGE: 70歳

OCCUPATION: 風水心理カウンセラー、出版プロデューサー

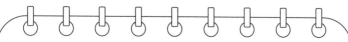

吉田松陰に憧れてスクールを開設

谷口令さんは、本書のプロデューサーでもあり、私が30年近くお世話になってきた風水カウンセリングの先生でもあります。

彼女にとっての50代は、「やりたいことに着手した年代だった」といいます。50を過ぎ、兼ねてからの目標だった風水カウンセラーを養成する学校をオープンされたのです。

「吉田松陰をリスペクトしているの。彼は松下村塾で多くの人の人生を変えていったでしょう。私もそういうことをやりたかった」

そんな彼女が最もこだわったのがレッスンをする「場所」でした。

生徒さんのテンションが上がり、ワクワクした気分でレッスンを受けられるように、当時は今よりもブランド価値の高かった憧れの場所・代官山アドレスにスクールをオープン。

その高い家賃を払うべく、死にもの狂いで生徒を集めるところからスタートしたといいます。そうして、どうにか15人を集めたそう。

ここまでの苦労を支えたのは、自分のもとに集ってくれた生徒さんたちを、なんとか独り立ちできるようにしてやりたいという気持ちでした。

「とにかく夢中だったの。生き方に迷っていたり、新しい人生を歩みたいと思っている生徒さんを後押ししてあげたかった。その強い思いだけでなんとかやってきた感じ」

その時にスタートしたスクールは、今現在も続いており、年々生徒さんは増え続けています。ここまで走り続けてきた谷口さんに、「50代になってもう頑張らなくていいと思ったことはありますか?」と尋ねてみました。

すると、返ってきたのは「一回もないですよ。ただ自分の興味、この人（生徒さん）たちをなんとかしたいという気持ちが尽きないんです」という、少しの迷いもない回答。

自分の利益のためではなく、誰かの幸せためという思いがあるからこそ、ここまで強くいられるのではないかと感じます。

50代でコンプレックスを解消

ひたすらに走り続けてきた彼女が、「本当に幸せ」だと思ったのは50歳を過ぎてからだそう。

「この世の中の仕組みが分かってきたのが50歳。20代、30代は未来に希望もなくて本当に辛かった。お金持ちのお嬢さんに生まれたわけでもないし。自分の顔立ちや、歯並びの悪さもコンプレックスだった」

そう話す谷口さんの口元から覗く歯は、芸能人のように白く、美しく整列しています。

「審美歯科で歯並びを治してもらったのも50歳くらいの時。歯並びが変わると噛み合わせも変わって、最終的に輪郭も変わってくる。最終的に、歯を治しただけで顔の印象がすごく変わりました。だから、見た目にコンプレックスがある生徒さんには歯列矯正をすすめています。今更とか思わないで、コンプレックスがひとつ解消するだけでメンタルのありようも変わりますから」

憧れのマイホームを建てた60代

暮らす場所にはこだわりがある谷口さんが、ローンを組んでマイホームを建てたのが62歳の時でした。

「ようやく家を建てられて本当に嬉しかったけど、でもそのお金はまた返していかなきゃならないじゃないですか。そこでまた仕事を頑張っちゃったんです。ずっと頑張り続けているんですよ。62歳で土地と家を買ったので、『80歳までのローンなんて返せるの？　馬鹿ね』って心ない人には言われたの。でも私ね、2年で売っちゃって、ローン返したんです」と茶目っ気たっぷりに笑います。

風水カウンセラーの彼女にとって、自分の気に入った土地や家を購入することは、ある種の挑戦でもあるようです。

そして、なんと彼女はまた新たな挑戦を始めていました。それは、軽井沢に土地を買って家を建てること。

「それも、やっぱり周囲には言われました。『あなたね、お墓買ったほうがいいよ、これから住むのお墓でしょ？』って。でも、お墓なんか買っても楽しくないですよね。だから、軽井沢の理想の土地に理想の家を建てて、そこでセミナーをするつもり」と笑う谷口さんは、今70歳。今後のことを尋ねてみました。

「70代の見本になれたらいいなと思っています。婚活も続けているので、下の世代の人にも『この人、婚活やってんの？　じゃあ私だって諦められないわ』って思われるじゃないですか。私も90歳で生き生きとしている女性なんかを見ると、私もまだ頑張ろうって思うんです。みんなが私のことを見て、『この人頑張ってるから、ちょっと私もやっちゃおうじゃないか』って思ってくれたら良いなと思ってます」

走り続け、人を幸せにし続ける。

谷口さんは、今までもこれからも、多くの女性に勇気を与える存在として輝き続けるのだろうと思います。

FOR WELL AGING

――誰かを幸せにすることで自分も幸せになる

FILE

04

生け花＆アートで国際交流
〜趣味を軸に据えたセカンドキャリア〜

My Rule

「これからもお花を中心に、
周りの方が喜んでくださることをやりたい」

My Rule

「人とのご縁を大切に、
感謝と謙虚さを忘れない」

NAME：白鳥一晴さん　AGE：58歳

OCCUPATION：華道家（師範）・フラワーアーティスト
元ＪＡＬのグランドスタッフ（地上職員）

趣味のスキルを磨き、自分だけの道で輝く

白鳥さんは、『Human Bank』に登録され、活躍していただいた先輩です。学生の頃から華道を長く嗜んでいる方で、現在も師範としてご活躍されています。更に彼女はそれだけには留まらず、クリエイティブな能力を活かして、木材など自然の素材と花材を使ってオブジェを創るという、美術と華道を組み合わせたアーティストとしても活動されています。

加えて、華道教室では外国人観光客にもお花とアートを教えるなど、エネルギッシュに独自の道を切り拓いていらっしゃるのです。

彼女を見ていると、とにかく好奇心旺盛！　お話ししていてもいろいろなことにアンテナを働かせ、誰よりもフットワークが軽いと感じます。

物怖じすることなく「良いな」と感じた勢いのまま、「えい、やっちゃえ！」と動く行動力が、彼女のキャリアの幅を広げているのでしょう。

華道と家族――人生の軸を明確にする

好奇心旺盛ではあるものの、軸がしっかりしているのも白鳥さんの魅力です。自分の得意と好きをはっきり自覚されていたからこそ、長く続けてきた華道をご自分の新しい仕事として捉えることができたのでしょう。

やはり、好きなことや大切にしているものというのはその人の生きる力になり、人生を支えてくれるのだと思わされます。


華道に加えてもう一つ、彼女の人生の中心となるのが「家族」。

華道と家族が人生の軸だと話す白鳥さんは、家族仲がとても良く、昨年は娘さんから「結婚式をプロデュースしてほしい」というリクエストを受け、大成功させました。

和のメソッドを取り入れたウェディングで、ブーケや会場の飾り付けから引き出物に至るまで、すべて彼女がプロデュースしたそう。

通常はウェディングプランナーやフローリスト、式場スタッフなどが行う仕事を個人でたった一人で行うのですから、それはそれは大変だったようですが、そのパワーはお見事としかいいようがありません。

また、娘さんから結婚式のプロデュースをお願いされるというのが、普段の関係性の良さを感じます。

普通は世代の違う母親のセンスには不安を感じると思うのですが、きっと彼女は絶対的に信頼されているのだと思います。

娘の晴れの日の演出をお願いされるなんて、母としては、これ以上嬉しいことはないのではないでしょうか。

そんなパワフルな白鳥さんですが、結婚式が終わった後には、力を使い果たし、体調を崩してしまったようです。1ヶ月ほど、静かに過ごさざるを得なかったとのことでした。

私がお話を伺ったのは、ちょうど元気になられた頃のことです。

このことで、やはり日頃から体力づくりをしておかないと、いざという時に頑張れないことを痛感したようです。

他人のためという視点を持つ

今後のことを聞くと「これからもお花を中心に、周りの方が喜んでくださることをやりたい」と仰っていました。

かつて中国で開催されたサミットに呼ばれてお花を生けたという経験や、外国人に華道とアートを教えていることもあって「華道を中心に文化交流を深めていきたい」とのこと。

「文化交流」という言葉もそうですが、「周りの方のために」という言葉が自然と出てくるところに彼女の人間力を感じさせます。

自分がこれをやりたいという願望だけではなく、「誰かを喜ばせたい、誰かに必要とされることをしたい」という利他の視点があるのですね。

ブレない自分らしさに加え、他人のためになることをやりたいという奉仕の精神も兼ね備えている——そこに、凛とした中にも優しさのある彼女の生き方が見えるように思うのです。

感謝・謙虚さを忘れない

白鳥さんに、多忙な日々の中で大切にされていることを伺うと「人の気持ちを丁寧に汲み取ることを心がけている」との答えが返ってきました。

そして「人とのご縁を大切に、感謝と謙虚さを忘れないようにする」――これが彼女の行動の指針だそう。

自分一人で生きているのではなく、周りとの関係の中で生かされているということを深く意識されているのでしょう。

白鳥さんは、常に新しい挑戦をしながらも、人生を豊かにするためのシンプルな真理を忘れずにいるのです。

FOR WELL AGING
――
長く続けてきたことをセカンドキャリアに活かす

FILE

05

家庭を守る主婦の誇りと葛藤
～自分には何ができるのか？～

My Rule

「本当に忙しくて、
自分のことは考えられなかった」

My Rule

「今までいろんなことを経験して
乗り超えてきたから、何でもできると
自分に言い聞かせてる」

NAME：有田美也子さん（仮名）　AGE：59歳

OCCUPATION：家業での経理

迫る60代、「このままでいいのか？」という不安

有田さんとは、共通の友人を通じて知り合い、25年ほどになります。彼女は、ぜひ私が話を聞いてみたいと思っていた方の一人で、本章で紹介する他の方のように元CAや自営業という立場の方ではありませんが、その分、彼女の語る言葉はどなたにとってもも身近で共感を呼ぶのではないかと思います。

59歳になる彼女の話は、私たち50代が直面する多くの問題と共鳴します。自分を思い返すと、30代から40代、40代から50代へとスライドする際の変化には柔軟に適応できました。

しかし、60歳という新たな節目の前では、彼女はこれまでとは違う種類の不安を感じており、その点で私と同じでした。

彼女は現在、ご実家で経営されている工場で経理業務を担当しています。すぐに仕事がなくなるということはないですが、「このままでいいのか」という不安があると話します。

技術を持つ職人たちが専門性を発揮する職場にあって、それに比べると「自分には専門的なスキルがない」と将来について思い悩んでいたのです。

育児、介護、看取り……ひたすら家族を支えてきた日々

有田さんのこれまでの人生の中心はご家族を支えることにあり、ご自分のキャリア形成には手が回らない状態でした。

30代で結婚・出産、そして40代後半に入ると娘さんの不登校が始まります。そこへ、ご両親の介護、そして介護の末の看取り……。

「本当に忙しくて、自分のことは考えられなかった」と絞り出すようなその言葉には、積年の重みが感じられます。

更年期だという自覚すら持てないほど目まぐるしい日々だったようで、「泣いている暇もなかった」と言いますが、私たち友人とのお酒の場では、さんざん鬱憤を口にし、時には涙をこぼし、私も胸を痛めた記憶があります。しかし、当時の彼女

はそうした記憶すら薄れてしまうほど、毎日何かに追われ、感情の揺れ動きが激しかったということでしょう。今振り返ると、その不安定さも彼女にとって更年期障害の一部だったのかもしれません。

「手に職がない」という悩み

有田さんは、かつて高級ブランドの販売員として店長クラスまで昇進していた経歴をお持ちですが、お子さんが生まれてからは母親業と兼業できる仕事をしてこられました。その後も保育園でのお手伝いや給食の調理（調理師面機取得）、事務などさまざまな職業を経験され、それにプラスして、家庭における苦労に耐えてこられたのです。

「今までいろんなことを経験して乗り超えてきたから、何でもできる！　と自分に言い聞かせてるの」

そう話す彼女を見ていると、今まで長い間家庭でのさまざまな重圧に立ち向かってきたからこそそのポジティブさ、やる気を感じます。

「とにかくバッターボックスに立ってみる。バットを振ったら当たるかもしれないじゃないですか」

これは、81歳でゲームアプリを開発した世界最高齢のアプリ開発者、若宮正子さんの言葉です。今回のインタビューの事前アンケートの「60歳を前にして感じていること」の項目にこの言葉を挙げた有田さん。今後は自分だけのためにバットを振り、新たな飛躍の時が遠くない未来に訪れるのでしょう。


今では娘さんも不登校を乗り越えてとても素敵な社会人になり、自分の時間が増えてきたそう。しかし、そんな中で、先程のポジティブな言葉とは矛盾するような、不安の言葉もこぼれ落ちました。

「子供が大人になり、介護も終わった。時間はあるけれど、私に何ができるのか、60歳を目の前にして今から何をやっていけるのか？　手に職がないから悶々と考えてしまう……」

「手に職がない」というのは、これまで主婦業がメインだった方の悩みとしてよく耳にします。ですが、出産、育児に介護、看取り、そして毎日繰り返される家事と、これまで家族の人生を支え、苦労してきたことは一人の人間のキャリアとして輝かしいものではないでしょうか。その苦労がいわゆる「仕事」ではなかったというだけで、苦悩し、トライ&エラーを繰り返し、悲喜こもごもを経験してきたことは揺るぎない事実です。

私は離婚の後はひたすら仕事に打ち込んできましたが、家庭を持つ知人の話を聞いていると、家事はマルチタスクですし、家庭内のことこそ、ビジネスの基本ともいわれるPDCAサイクル(Plan=計画、Do=実行、Check=測定・評価、Action=対策・改善)の能力が必要なのでは? と思ってしまいます。

これからの人生100年時代、主婦としてのキャリアが認められ、育児や介護を終えた人のスキルが、本人の希望さえあればもっと社会に活かせる時代が来ると良いなと思います。

FOR WELL AGING

――長年の主婦業によるスキルは誇るべき

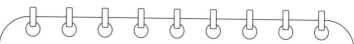

FILE
06

自分の技術で
皆を健康に美しく
〜経絡エステを極める〜

My Rule
「50代になり、一つのことを
極めたいと思うようになりました」

My Rule
「ビジネスという意味合いよりも、
皆さんを健康にしたいという使命感」

NAME: 阿部惠子さん　AGE: 63歳

OCCUPATION: 経絡エステティシャン

経絡を使ったエステで皆を健康にする

阿部さんは長らくエステサロンを経営しており、今も現役エステティシャンとして現場に立たれています。

経絡（東洋医学におけるエネルギーの通り道）に刺激を与えて身体を正常な位置に戻すといったスタイルのエステで、健康を主軸にしたアンチエイジングを追求しておられます。

私ももう30年くらい通っているのですが、彼女は、外見における美の追求というよりも、とにかく「来ていただいた方に健康で元気でいてほしい」という思いが強く、行くたびに親身になってライフスタイルへのアドバイスをしてくださるのがとてもありがたく、毎回、終わる頃には「また必ず来なければ！」という気持ちになるのです。

向上心が強く、常に勉強を欠かさない方なので、いつも知識や技術がアップデートされており、60代の今もなお成長し続けているのを感じます。

50代は進むべき道を見極めた年代

長くエステを経営する中で50代はどう過ごされていたのかを問うと、「50代に入り、一つのことを極めたいと思うようになった」と話してくださいました。「ビジネスというよりも『皆さんを健康で美しくしたい』という使命感」に駆られたのだそうです。

かつてはサプリや健康食品を販売するといった話や、「もっとこういうふうにやったほうがお客が増える」「うちのホテルと提携しませんか」などといったビジネスの幅を広げる誘いも多くあり、そういう話に流れそうな時期もあったようですが、結局は「経絡を使って健康にする技術を極めたい」という意思が固まり、今に至ります。

経絡エステは、施術者の感覚的なものや経験、日々の勉強が大切で、機械を使用すれば誰でも習得できるようなものとは違います。回り道もしたけれど、自分のやってきたことに自信が生まれ、この道でやっていくという覚悟を決められたのが50代だったのです。

人間関係も食生活もシンプルにする

50代に入り、努力の的を絞った結果「人間関係もシンプルになった」と言います。元々とても社交的な方で、さまざまな集まりに顔を出していました。仕事に繋がるという思いで参加していた部分もあるとは思いますが、私からすると、よくそんなに元気が続くなと感心するくらいでした。ですが、最近はその付き合いを取捨選択するようになり、身体も心も楽になったそうです。

生活習慣に関しても、忙しい毎日を送っていた彼女は食生活も乱れがちでしたが、50代を迎え、コンビニ食や加工食になるべく頼らず、手作りのものを食べるように心がけているとのこと。

酵素に着目した料理を習ったり、発酵食品を作る教室に行ったりなど、趣味と仕事を兼ねて勉強するようになりました。彼女のエステに来るお客様はそういうジャンルに興味のある方が多いので、そういった意味でも会話のきっかけができて良いそう。

アクティブな方なので、ヨガ、ピラティス、ボクササイズ、自転車などの運動もされていましたが、ある日自転車で転んで右手の複雑骨折を負い、仕事にも影響が出てしまいました。

それからは無理をせず、日々の生活の中で歩くことにシフトしたそう。新たな趣味となった神社巡りもたくさん歩くので、運動不足の解消になっているようです。

こうして、人間関係や食生活、趣味を無理することなくシンプルにした結果、「心身ともに柔軟性が出てきて、イライラが減りました。ちょっと『難あり』な人も自然に離れていったみたい」と笑います。

やるべきことを絞り、無理をしなくなったことで苦手な人と触れ合う機会も減っていったのでしょう。

元々は夜遅い時間まで予約を取っていましたが、最近はその点も自身でコントロールして、疲れた時は「今日はもうおしまい！」と遅い時間の予約は受けないように工夫しているそうです。

「日々意識していることは？」という問いに対して出てきたのは、「不安なことは考え過ぎない」というとてもシンプルなものでした。

しかし、心身ともに不安定で何かと考え込みがちな私たちの世代にとっては非常に大切なことです。

また、「以前より後回しにしないようになった」という言葉も印象的でした。やるべきことが絞られた結果、「明日でもいいや」と思うことも今日の内に済ませて、すっきりした状態で寝ることができるのだそうです。充実感も爽快感も味わえ、まさに一石二鳥。

50代からの彼女のライフスタイルは、シンプル・イズ・ベストという言葉を体現していると感じます。

FOR WELL AGING

やるべきことを見極め、シンプルに生きる

FILE

07

CAから看護師へ
～50歳で再びCAに～

My Rule

「朝6時には起床して学校に行く前に勉強したり、
ついていけるように自分なりに努力しました」

My Rule

「得意じゃなくても、
今飛ぶためには勉強するしかないから」

NAME: 平泉良子さん　AGE: 55歳

OCCUPATION: JALの現役CA

未知のジャンルへのチャレンジ精神で人生を切り拓く

平泉さんは55歳で、JALの現役のCAです。

もともと若い頃にもCAをされていて、それからなんと看護師になり、40代後半でCAとして再雇用されたという経歴の持ち主。

自分のことを「アナログ人間なんです」とおっしゃいますが、40歳を過ぎてから看護学校に入学するようなチャレンジ精神がある人です。40を過ぎて、それまでまるで経験のないことを20代の人とともに学ぶというのは普通に考えてとてもハードルが高く、怯んでしまうようなことです。

看護学校での授業ではPCを使います。彼女が看護学校に入学したのは13年前のこと。当時、CAの業務においてはそこまでPCのスキルがなくても困ることはありませんでした。

しかし、看護学校はそうはいきません。

「PCは苦手などと言っている場合ではなく、大学院生にアルバイトとして教えてもらいました。薬理学や生理学など全くやったことのない分野を理解するのも大変だったし、単位を取るために朝6時には起床して学校に行く前に勉強したり、おいていかれないように自分なりに努力しました。そうすることでなんとか授業についていき、看護師になることができたんです。看護師になってからは、CA時代とはまた違った貴重な経験をさせてもらって、さまざまなことを考えさせられたり、人として成長する機会を与えられました」と当時を振り返って明るく話す姿からは、生真面目さと向上心が溢れてくるようでした。

いくつになっても新しいことを学ぶ

そうして看護師としてもしばらくお勤めをされていたのですが、50近くになった頃、JALの再雇用の話があり、またCAとして働き始め現在に至っています。「今はどういう感じでフライトしているのですか？」と現在のCAの労働環境を尋ねたところ、乗務マニュアルや、フライト情報、緊急時の手順、お客様の情報など、業務に必要なことはすべてiPadにデータが入っているそう。つまり、CAにはｉＰａｄを操作する能力が必須というわけです。

例えば、お客様の食事の情報（ベジタリアンやヴィーガンであるといった食の指向やアレルギー情報など）などの重要事項もすべてｉＰａｄで確認しないと分からないのです。間違えてお食事をお出ししてしまうというのは絶対にあってはならないことですし、食事にかかわらず、お客様の情報というのは接遇の上で非常に重要です。

「ただ画面を見るだけでももういっぱいいっぱいという感じ」と言いつつ、「それについていかないと飛べないから、だからもう必死になってやっている」「得意じゃないことだけど、とにかく頑張っている」と話すその姿は仕事に対してとても真摯で、眩しく映りました。

これはＣＡだけに限らないことだと思いますが、やはり昔いた古巣とはいえ、変化についていけないと現役で働くことはままならないでしょう。

元来そういったデジタルツールが苦手な彼女にとって、今の環境で働くというのは大変なことです。

年を重ねた強み＝経験値を活かせること

今、CAはだいたい60歳が定年で、65歳まで延長できるという形が主流のようです。この先、少子化になり働く人も少なくなってくるので、CA経験者で飛べる人というのは年齢にかかわらず重宝されるようです。

経験豊富な人材のほうが、予期しないシチュエーションにおいて、お客様に説得力のある対応ができるため、やはり必要であると考えられているようです。

それを聞き、私もとても嬉しい気持ちになりました。今までやってきたこと、積み重ねてきたことが年齢を重ねてきちんと評価され、それまでの努力が実を結ぶ時代がやってきたのだと思えます。

「看護学生時代や看護師としての経験、CAとしての経験一つ一つが宝物です。さまざまな経験をさせていただいたことに感謝しながら、これからも変化を恐れずにチャレンジしていきたいと考えています」

これは、インタビュー後にスマホに届いたメッセージです。

学ぶことをやめない人は輝いている――彼女を見ていると本当にそう感じます。自分にとって必要であれば、苦手でもなんでも勉強する。そういう人の未来は明るく、どんな職業でもきらめく存在になれるでしょう。そして、諦めた人との差がどんどんついてしまうのだと思います。

知識を取り入れること、自分自身の成長の時計を止めないという意識はいつでもしっかり持っていないといけないと感じます。

FOR WELL AGING

年齢に関係なく学び続ける

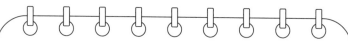

FILE

08

運を呼び込み道を拓く

〜自分基準で人生を楽しむ〜

My Rule

「人生、ひょうたんから駒。
そこに運があると信じています」

My Rule

「人と比較することの
無意味さを知るのが大切」

NAME: 渡辺ゆり子さん　AGE: ?歳

OCCUPATION: フラワーアーティスト、テーブルコーディネーター、
シャンパンバー経営

華やかなキャリアとチャーミングな人間性

渡辺さんは、20代からフラワーアーティスト、テーブルコーディネーターとして大活躍されてきた方です。

フラワーアーティストとして活躍の傍ら、バーの経営もされており、そのお店は今や「東京で最も入りにくいシャンパンバー」ともいわれています。

更に雑誌『LEON』のレストランガイド『オヤジのツウぶりレストラン』の連載など執筆活動もされており、華やかなキャリアをお持ちです。

私と彼女との出会いは、25年以上前に遡ります。当時私が読者モデルをしていた雑誌で、フラワーコーディネーターの先生である渡辺さんと一緒に旅行をするという企画でご一緒させていただいたことでした。

一応、立場上は「先生」と「読者モデル」だったにもかかわらず、その頃から彼女は上下関係を持つのが苦手で、あだ名で呼び合おうというフレンドリーなスタンスでした。見た目も可愛らしくいつも楽しそうにコロコロとよく笑い、私はあっという間に彼女のことを好きになってしまったのです。

いまだに誰に対しても親しみやすく壁をつくらない姿勢は変わらず、知人のお子さんとも、お互いに何の気負いもなくあだ名で呼び合えるような人です。

トラブルも幸運に変えるポジティブマインド

渡辺さんは「人生、ひょうたんから駒。そこに運がある」の精神を大切にしているそう。

20年以上前、お花の作業をするテーブルがやや高めのカウンターだったので「ここでバーでも始めようかな」と冗談で言っていたのが、その数年後に本当にオープン。今では、彼女の経営するシャンパンバーは銀座のホテルの一室にあります。他は通常の客室なのですが、その部屋だけがドアを開けるとバー仕様になっているのです。

それも、もともとお店は広尾にあったのが、1年ほど前に諸事情で泣く泣く場所を移らなければならなくなり、なかなか良い場所が見つからず諦めかけていたところに、出会ったのがこの物件だったそうです。

銀座には全く興味がなかったそうですが、何かのご縁だとそこに決めたところ、ホテルの客室という一風変わったコンセプトもあってか、広尾の時よりも更なる人気店になっています。

自分の意思とは違う、一見アクシデントに見えることも前向きにとらえていると、面白い展開になるという信条がこうした運や縁を引き寄せるのでしょう。

レストラン通いと美容＆健康の両立

性格だけでなく、見た目の可愛らしさ、スレンダーぶりも変わらない渡辺さんですが、雑誌でレストランを紹介するコラムを連載しているため、レストランでの食事は欠かせません。ほぼ毎日、夕食は外食だそう。

その分、やはり健康や体型維持には気を遣われており、夕食以外は超健康志向なようです。

「基本的に、家での食事は太らないために白米や白砂糖などはとりません。白いパンもなるべく避けています。朝食は、ヨーグルトに果物やナッツ、粉末のコラーゲン、プロテインなんかをトッピング。玄米にめかぶやワカメ、胡麻など体に良いものをいくつかプラスして食べることも多いです。こうして家ではちょっとした健康への気遣いをして、レストランでは何でも食べる！」

特に運動などはしておらず、30代の頃はエステにもよく通われていましたが、今はゼロ。美容にも健康にも「睡眠が最重要で、とにかくよく寝ること」と無理はしないようにしているそう。

オン・オフをはっきりさせ、仕事と休息のメリハリをつけることもストレスを溜めない要因だそう。

「ストイック」より「楽しむ」を追求する

ビオやマラソン、ヨガなどには興味がなく、ストイックにコツコツやることよりは、「気持ち豊かに健康で美味しく楽しみながら」続けることを大切にされているという渡辺さん。

「健康維持とか若さ維持を本気でやろうとすると、今更大変だと思うから、毎日笑って過ごすほうが心身両方に良いと思う。私は、とにかく毎日を楽しんでるかな。気持ちに余裕を持って、ケタケタ笑っているとひょうたんから駒が生まれるし、笑顔のもとには、自然と素敵な人が集まると思うから」と、とても明るい笑顔で話してくださいました。

そして、20代の頃もこれからも変わらない幸せに生きるための考え方は、「誰かと比べる相対評価ではなく、自分基準の絶対評価」。

渡辺さんいわく「人と比較することの無意味さを知るのが大切。人と比べていると、満足することがないから」。

自分が楽しいか、自分が面白いか、自分がやりがいを感じているか。行動の判断基準となるのはすべて自分。自分を見つめ、自分の価値観を大切にすることが、人生の幸福度を左右するのです。

FOR WELL AGING

「自分基準の絶対評価」で毎日笑って過ごす

FILE
09

引き際の美しさ
～ネイルサロン取締役から一般社員へ志願～

My Rule

「仕事を辞める不安に対して、
先人が背中を見せることも大切」

My Rule

「今までを振り返って、自分の決心したことは
間違えた方向には行かないという自負がある」

NAME: 竹田淳子さん（仮名）　AGE: 72歳

OCCUPATION: 元ネイルサロン取締役

仕事を辞める勇気

竹田さんは、私が30年以上通っているネイルサロンの取締役だった方でした。「でした」と過去形なのは、2年前にその立場を退かれたからです。

そんな彼女は、30代の時にご友人4人でネイルサロンをオープンさせました。当時はまだ「爪をお店で美しくしてもらう」という概念も広まっていない時代でしたが、そこから、70歳までネイリストとして現場に立たれていました。

まだまだお元気で活躍されていましたが、70歳を節目にスパッと退職してしまったのです。

他の経営陣からは「辞めなくてもいい、細々と続けてほしい」と言われたそうですが、彼女はブレませんでした。

経営陣の中で彼女は最年長とのことで、さまざまな考えがあったようです。

「上が辞めないと、下も辞めにくくなるでしょう。あまり長く同じ人間がトップにいるのは組織の風通しのためにも良くないと思って」

「仕事を辞める不安に対して、先人が背中を見せることも大切」

迷いなくどこまでも潔い言葉の数々は、同性ながら、ほれぼれするような格好良い生き様を見せつけられるようでした。

納得行く自分のまま引退

まだまだ元気で働ける状況で、しかも会社からも引き止められている——そんな中、スパッと辞めるというのは想像するよりも難しいことだと思います。

一度は辞めることを決意しても、「やっぱりまだやれる」と前言撤回してしまうのが人間です。

ただ彼女は、「美容業なので、お客様に疲れを見せてはいけない、ハツラツと仕事をしてお客様に元気を与えられたら良いな、という信念で仕事を続けてきた」とも仰っていました。

今ならその信念を崩さず引退できると思われたのでしょう。できなくなってからではなく、「まだできているうちに引退しよう」という引き際の美しさを感じます。

60代で自ら役員の座を降りて一般社員へ

引退に至るまでにも彼女は英断をしてきています。

かつてジェルネイルがブームになり、世の中に浸透した時期がありましたが、彼女のお店はジェルネイルを扱わず、それまでどおり「ネイルのケアをする」というコンセプトを重視しました。

その徹底した「ケアを大切にする」姿勢に多くのファンがいるので、あまり経営的に影響を受けることもなかったそうです。

そんな中、50～60代はご家族の介護・看病などもあり、休日が潰れることも度々あったため、普通の社員になって少し自分の自由な時間を持ちたいという思いと、また後輩に活躍の場を譲っていくということも考えて取締役から一般社員にさせてもらったそうです。

ここにも、自分のポジションやお金に固執することなく、今の自分にとって大切なものを優先するという彼女の潔さが見られます。

自分の決断に対する自信

普通であれば迷ったり悩んだりするだろう大きな決断において、「間違っていない」とそのつど自分を信じることができたのが竹田さんの強さといえるでしょう。「今までも、自分の決心したことは、間違えた方向には行かなかった自負がある」という言葉を聞いた時は、本当に凄いと思いました。

こうして、自分の決断に自信が持てるのは、人生で起こることのすべてをポジティブに捉えるように意識してきたからだと思います。

同じ事柄でも、人によって見え方は大きく違います。うまく行かなかったことを「失敗」と捉えて落ち込むか、「経験」と捉えて次に活かそうとするのかでは、雲泥の差です。

彼女は仕事を辞めた今でも後輩からの相談をよく受けるそうです。やはり、このようなポジティブなパワーを持つ人は、いくつになっても周囲から求められやすいのです。

退職後は「人を家に招くこと」が幸せに

退職してからは、日々の生活を丁寧に過ごしたいという思いで、働いている時にはなかなか手が回らなかった掃除にハマり、YouTubeで料理を学び、日常を楽しんでいるそうです。

一人暮らしなので、お友達をよく招き、料理を振る舞うことも多いそう。他人に対してもとてもオープンな方なので、人といるのがとても楽しく、「今が一番人生で充実しているのだ」と話してくださいました。

執着せず、本当に大切なものを見誤らずに気持ちを切り替える。この潔さは、ぜひ見習っていきたいところです。

FOR WELL AGING

――地位やお金に執着せず、自分を信じる

COLUMN パンプスを忘れた日

どんなに気をつけていても、避けられないのが「忘れ物」。私にとって、ちょっと恥ずかしくもあり、人のおおらかさに救われたとある忘れ物の思い出があります。

それは、都内の某ホテルで医療系の学会があり、受付業務のために出勤した時のこと。初秋の頃でした。

通勤時は、季節感を意識してレオパード柄のショートブーツを履いて行きました。そして会場に到着、当時とてもお気に入りだったGUCCIのシンプルなパンプスに履き替えようと思い、持参したシューズ袋を開けてみてビックリ！

なんとそこにはビーチサンダルが入っていたのです……。

思い返せば２日前、ネイルサロンでペディキュアを塗ってもらい、その時に履いたビーチサンダルでした。

時間は午前６時50分。まだ誰も我が社のオフィスには出勤していない時間です。10時に社員が出勤したら、オフィスに置いてあるパンプスを会場まで持ってきてもらうこともできますが、それまでどうにもなりません。

学会の初日で朝一番忙しい時に取りに帰ることは無理だと判断し、正直にクライアントの社長に伝えることにしました。社長は、おそらくまだ40代くらいの女性だったのですが、彼女は開口一番「まあ、素敵なブーツ。可愛いじゃない」とおっしゃり、受付デスクはテーブルクロスがかかって足元は見えないので、豹柄のブーツでしばらく受付を担当させていただくことになりました。

更に、一番偉い受付エリアのドクターに「先生、ぜひ見てください！　彼女のこのブーツ、可愛いでしょう？　しばらくしたら履き替えちゃうそうなんですが、見えないから、このまま頑張ってもらいますね」と言って、周りの医療関係者の方々を黙らせてくださったんです。

私は赤面しながらも、何とか10時過ぎまで豹柄が見えないように受付業務をさせていただきました。隣で一緒に受付を担当してくださっていた看護師さんも笑っていた記憶があります。

怒られても仕方がない状況にもかかわらず、寛容に受け止めて笑いに変えてくださった社長の優しさや機転の効かせ方に当時の私はいたく感動し、自分もそうした女性になりたい！　と強く思ったのでした。

CHAPTER

4

『Human Bank』の今とこれから

最後となるこの章では、少し私と『Human Bank』の過去と未来についてお話しします。また、本書の締めくくりとして、これからの世の中でもっともっと50代、60代、あるいはそれ以上の年齢の女性も輝いていける方法を模索してみました。

CA、夫の借金返済、そして起業

これまで、本書では50代、60代、それ以降の年代になっても女性が生き生きと輝き続けるためにどうすれば良いのかということを考え、尊敬できる先輩たちの生き様をインタビューさせていただきました。

ここからは、少し気恥ずかしいですが、私のこれまでの人生を簡単に振り返ってみたいと思いますので少しお付き合いください。

50代という複雑な年代にあって迷いや苦しみの中にいる方にとって、わずかでも共感していただけたり、前向きになるきっかけを見つけていただけたら嬉しいです。

10代——鹿児島から上京する決意

私は、鹿児島市の郊外で父、母、妹の4人家族で、近所には友達がたくさんいる環境でのんびりと育ちました。

大学は、両親の希望に応えて地元・鹿児島の大学を選択。しかし、夏休みに都会で新生活を送る同級生たちと再会した際、彼らとの間に感じたギャップに刺激を受け、東京でのキャリアを目指すことを決心します。

20代——刺激と成長の日々

その後、自分に向いている職業を真剣に探求し始め、客室乗務員という道を見出しました。それが大学2年生の時のことです。

そうして猛勉強の末、晴れてANAに入社することが叶ったのです。

新人CAとしての20代は、新鮮な興奮と刺激に満ちていました。

キャビンアテンダントとしてのキャリアをスタートさせた当初、私はまず保安要員としての責務を理解しました。

そしてそれを基盤に、サービス要員としての役割を担うことの大切さを学びました。お客様が喜ぶ姿を見ることは、私にとって最大の喜びとなったのです。

仕事をこなす中で、先読みする能力が自然と身につき、それが仕事を更に楽しいものに変えていきました。直感や察知能力が磨かれ、お客様が何を求めているのかを素早く理解できるようになったのです。

制服を身にまとい、空港内を歩く際も常に背筋を伸ばし、颯爽とした姿勢を心掛けていました。

また、さまざまな土地に飛んだ際には、現地の観光スポットや美味しい食べ物、お土産探しに情熱を傾け、その地域を存分に楽しむことに努めました。こうした経験は、憧れだったCAとしての生活を豊かで充実したものにしてくれたのです。

精一杯頑張った仕事の後、東京で過ごす夜は、西麻布〜六本木界隈に繰り出すのが楽しみでした。その頃はまだ世の中の景気も良く、消費も盛んで華やかな時代でした。

職場では、班のリーダーとしてマネジメントスキルを磨き、労働組合役員として労務知識を深めました。これらの経験は、後に企業経営の大きな財産となります。

29歳で結婚、そしてANAを退社。仕事は変わらず楽しかったのですが、起業への強い意志から決断しました。

30代——転機と待ち受ける試練

その後、夫の飲食店運営をサポートしつつ、フリーランスでイベント業界に足を踏み入れます。

サッカーのプロトコル接遇の仕事に携わる中、結婚から2年での離婚という試練も経験します。

更に夫の会社の倒産という打撃を受け、煩雑でストレスフルな後処理も経験しました。

そこから、ワンルームマンションで再起を決意。友人の経営する和菓子店を手伝ったり、イベント業界で精力的に活動していました。

そうして、元夫の借金の連帯保証人として背負っていた負債を、ガムシャラな働きで完済し、35歳で自己資金300万円を元手に有限会社『Human Bank』を設立。

当時の生活は、まさに『リゲイン』のコマーシャルさながら、24時間365日、休みなく働くという壮絶なものでした。

300万円を貯めるためには、とにかくお金を使わないように工夫していました。お弁当や安い食事で食費を浮かせ、仕事ばかりしていたので、洋服もほとんど買わずに済みました。通勤も歩きだったので、交通費はほぼゼロ。質素でも明るく元気に過ごすように意識して頑張っていたので、何かと周りの方がご馳走してくれました。

この頃お世話になった方々には本当に感謝しています。また、明るい人間というのは人から助けてもらいやすいのだなと身をもって感じました。

そのため、私は今でも、多少しんどい時であっても、なるべく明るい笑顔を絶やさないように心がけています。

40代——仕事への情熱と病気

40代は、仕事に対する情熱が一段と燃え上がり、オフィスの屋根裏で寝泊まりしながら、いつでも業務に取り組める環境を作りました。

仕事はどんな時も好きですが、この頃は楽しむというような余裕はなく、必死で毎日の業務をこなしていたという印象です。

そんな中、48歳の時に子宮筋腫があることが発覚。全摘手術を受けた後も、翌日には仕事に復帰するほどの責任感を持って働いていましたが、体への負担は相当なものでした。

50代――実りと展望の時代へ

50代に入ると、少し余裕ができ、ようやく自分のためのマンションを購入。長年の努力が実を結び始めた瞬間でした。

しかし、その喜びも束の間、癌が見つかり、再び手術の試練に直面します。さすがにしばらくは静養に専念するべきなのではという思いと、休んでいられないという焦りとの間で葛藤した末、術後わずか1週間で仕事に復帰しましたが、やはり心身ともに辛い時期でした。

この時のことを振り返ると、いつも素晴らしい人々の支えがあったこと、そして、多くの人々が関わることで私の事業『Human Bank』がここまで成長したことに、心から感謝の気持ちが湧いてきます。

ここまで支えてくださった方への恩返し、引いては世の中への恩返しの意味も込めて、これからも私たちが関わるすべての人を輝かせることができるような仕事を創造し続けたいという思いを強くするのです。

人生のスランプと再起

今思うと、人生のスランプ時期は、30代だったなと思います。離婚、そして夫の事業の失敗により、一文無しに……。

しかし、そのどん底から、目の前のことに集中して一生懸命働くことで這い上がってきました。

正直に言って、今も仕事に関して悩みはつきません。失敗を引きずってクヨクヨしてしまうこともあれば、何も考えたくないと思うこともあります。

それでも、かつてのレストラン経営における、精神的、金銭的な苦難と比べれば、今の私の悩みは比較的穏やかなものと思えるのです。

あの苦労があったからこそ、今こうして多少の困難にも向き合えるのでしょう。落ち込んだ時も、未来を見据えて前進することが私の救いでした。暗いことは考えず、ひたすら前進あるのみといった働き方だったと思います。

停滞することは、私にとっては解決への道を閉ざすことと同義です。うまく行っている時も、そうではない時も、とにかく行動することが大事！　そういう考えでここまで突っ走ってきました。

暗闇の中を走っているとしか思えない時でも、行動することで目の前にわずかな光が見えてきます。その光は、やがて夢や目標となり、希望を与えてくれるのです。

その行動力を支えてくれていたのは、会社のスタッフはもちろんですが、友人の存在もあったと感じます。

人生のどんな時期にも、信頼できる友人がそばにいました。友人たちは私の弱音を聞いてくれる貴重な存在で、精神的な支えとなってくれています。

『Human Bank』に光が差した時のこと

弊社にとって転機となったのは、2005年に『FIFA Club World Cup』が日本で開催され、そのイベントの運営に関わることが決まった瞬間でした。

この大会はその後も2005年から2008年、そして2011年と2012年にわたり日本で続けて開催され、私たちにとっては経営を安定させる貴重な機会となりました。

大会を通じて新たなスタッフを採用し、彼女たちの成長を目の当たりにする中で、将来に対する期待感に包まれたことを覚えています。

売り上げ好調でも経営難に陥った頃

私が経営の厳しさを痛感したのは、忘れもしない2004年のことです。仕事は少しずつ増えてきており、売り上げも上向きになっていました。

しかし「売上はあるのに入金は後日」というのはビジネスでは珍しくないこと。それが祟って、給料日にどうしてもお金が足りなくなってしまったのです。

当時、社員たちのために必死になって銀行を回りましたが、そこで目の当たりにしたのが、よくいわれる「晴れの日に傘を貸し、雨の日に取り上げる」という現実。

その時に「社長というのは、首を吊ろうと思う瞬間が本当にあるんだな……」と深く実感しました。そこからなんとか資金を調達して危機を乗り越え、その翌年には有限会社から現在の株式会社へと組織変更したのです。

50代だからこその身近な人との関係性の深化

仕事ばかりしてきましたが、50代に入ってからはプライベートな事柄に関しても変化が多いように思います。

成長としてまず思うのは、身近な人とのコミュニケーションに自信を持てるようになったことです。特に、一人で起業し、手探りで事業を進めてきた時期は自信が持てず、自分の判断が正しいのかどうかも分からない状態でした。

そんな中で、困った時は周囲の人々からのアドバイスを聞き、頼り、学習してきました。そうして経験を積むことが今の自信に繋がったと感じます。

経験を通じて得た自信は、人間関係をより豊かで深いものに変えてくれました。自分の意見をしっかりと持ち、相手に伝える力が身につき、同時に他人の意見を受け入れる柔軟性も育ったように思います。

年を重ねるごとに人との関係はより複雑で深みのあるものになり、自分自身の経験と成長を通して、より理解し合える関係を築くことができるようになったなと感じるのです。

人間関係に苦しむことは誰しもありますよね。自分の失敗で相手を怒らせてしまったり、縁が切れてしまったり、そうした悲しい思い出もこの年になればあるかもしれません。

私も身に覚えがありすぎるほどあります。

その時は後悔と自責の念に苛まれ、とても苦しかったものですが、あの経験があるから今のこの豊かな人間関係があるのだなと思えるようにもなりました。

50代のコミュニケーション術――逃げ場を作る

この数年、経験は何よりも価値があると私は深く感じるようになりました。経験を積むにつれ、自然と発言にも自信が生まれます。

しかし、その自信に裏付けられた「強さ」が時には相手に圧を与えてしまうこともあるため、50代に入った私はコミュニケーションにおいて「相手の逃げ場を作ること」を意識するようになりました。これは特に、年下の人間接する時に忘れてはいけないことです。

この「逃げ場」とは、相手に致命傷を負わせないため、あるいは言動を強制させないための余地のことです。特に経営者としての立場では、無意識のうちに相手を追い詰めてしまうことがあるので、要注意です。

例えば、「社長の言う通りにしなければ大変なことになる」と感じさせることで、相手が萎縮してしまう可能性がありますよね。

昨今何かと話題になるハラスメントも、加害者側の言い分として「そんなつもりはなかった」「強制はしていない」というのはよく聞く話です。

無理やり何かをやらせているように受け止められてしまうのは、そうせざるを得ない、つまり逃げ道がないという印象を与えているからに他なりません。

ハラスメントまで行かなくとも、「年上の人間の顔色を窺い忖度させる」といった息苦しい環境を若い世代に与えてしまうことは避けたいものです。

それでなくても、年齢的に皆から気を遣われる年代だということを忘れてはいけないと思います。そこで大切なのが、相手を追い詰めるような言葉は避け、逃げられる余地を残すということなのです。

そのために、私は、次のようなことを心がけています。

「寄り添いワード」をプラスする

例えば、誰かがミスをした時「どうしたらいいか一緒に考えよう」と言ってみます。これだけで、相手は怒られている、責められていると感じず、改善に向けて前向きになれるのではないかと思います。

選択肢をプラスする

何か意見が分かれた時は、「この方法しかダメ」と絞り込まず、「どれがいいと思う？／他に何があると思う？」と他の選択肢について話を向けてみましょう。そうすると、相手も自分の意見を自由に言えます。

トドメの一言を口にしない

仮にあなたの理屈が正論だとしても、いえ、正論だからこそそれをストレートにぶつけると相手は何も言い返せなくなってしまいます。

相手との関係を「今後一切絶ちたい！」という強い拒絶の気持ちがあるのであればトドメの一言は有効ですが、そうでないなら、トドメの手前でやめておく。そうして、相手に考える余地を与えるくらいがちょうどいいのではないでしょうか。「逃げ場を与えるコミュニケーション」は、相手を大切にし、その気持ちを理解することから始まります。

これは、相手が安心して自分の意見や気持ちを話せる関係性を作るために大切なことではないかと思います。

食生活とお金の使い方の変化

50代になり、コロナ禍の影響で外出を控えるようになったことから、自炊をする機会が以前に比べて大幅に増えました。ランチも外食から、手作りのお弁当を持参するスタイルに変わりました。

買い物に関しても、実際に必要で長く使えるアイテムを選んで購入するようになり、以前のような衝動買いは減りました。使わないモノはもったいないだけでなく、そのモノ自体にとっても不幸だと気づき、「活躍する可能性のある」ものだけを手に入れるように心がけています。

お金の使い道自体を見直し、高級人間ドッグの会員になったり、健康維持や将来のサポートになるようなことへの投資にシフトしてきたように思います。

新たな趣味と冒険――ヨットとの出会い

会社設立以降はほぼ仕事だけに邁進してきて、ピラティス以外には趣味らしい趣味もなかった私ですが、50代になって新たに挑戦したのがヨットです。

ヨットの維持にはお金がかかり、一部の特権階級のものというイメージがあるかもしれません。それは間違えてはいないのですが、何人かでお金を出し合って共同で所有することで、一般庶民にもヨットを持つことが可能になるのです。これを仲間内では「サラリーマンヨット」と呼んでいます（笑）。

ヨットに乗ったのは、友人に誘われたのがきっかけでした。晴れた日の海上での空気は格別で、デッキで風を受けたその瞬間、大きな感動に襲われたことを覚えています。

私はヨットの操縦はできないため、単に乗るだけではあるのですが、時には仲間と一緒にレースに参加したり釣りをしたりすることもあり、何通りも楽しみ方があるのも魅力です。

日常から離れた特別な空間という点でも私にとってとても有意義なのですが、「一人では楽しめない」という点も魅力の一つかもしれません。

ヨットの操縦もそうですが、乗る準備だけでも一人ではできないのです。同じ船に乗ってしまえば、他に頼れる人はいません。嫌でも絆は深まります。

ヨットを始めてからは、新たな知人も多くできました。仕事とも家族とも関係のない場所で趣味を通じて人と親しくなることは、この年代にとって特に貴重ですよね。新しい友情を築き、日常の喧騒を忘れさせてくれるヨットは、一生の趣味になるだろうと感じています。

今になって、こんなにもハマれる趣味に出会えるとは思ってもいませんでした。ヨットに出会わせてくれた友人、そしてヨット仲間たちには感謝の気持ちでいっぱいです。

50代のワードローブはまず断捨離から

50代に入り、以前よりもモノを持つことよりも手放すことに意識が向くようになったと感じます。

最近の私は、過去2年間使っていないアイテムは思い切って手放すようにしています。最近処分したのは、シャツやスニーカーなどです。

この2年という期間は、自然と私の生活リズムに合わせたサイクルとなったもので、新しいアイテムを購入したら、その数だけ古いものをなるべく手放すようにしています。

過去2年間着用していなかったとはいえ、かつては気に入っていたものです。もちろん、未練がないわけではないのですが、それでも、そこは潔く手放すことにしています。なぜなら、2年間着なかった＝これ以降も着用しない可能性が高いと認識しているから。

どんなに気に入っていても、流行の変化もあり、時には着てみても「イマイチだな」と感じることもあります。

また、体型の変化もあって、かつては大好きだったアイテムでも合わなくなることがあります。

この年齢になると、自分に似合うもの、似合わないものを理解することが、洗練された外見を保つためにとても重要だと思います。

そして、クローゼットの中をギュウギュウ詰めにしてお気に入りの洋服が探しにくくなるよりは、スッキリと整理整頓されているほうが朝から気分も良く、一日を爽やかに迎えられるように感じるのです。

旅の思い出を生活に取り入れる

50代になってから、お金の使い方として少し意識しているのが、旅先での買い物です。

旅行先での買い物は、私の生活に特別な彩りを加えてくれるものです。特に食器や絵画など、実用的でありながらも美しいアイテムを選ぶことで、日常に旅の思い出を蘇らせてくれます。

例えば、数年前に軽井沢を訪れた際、偶然立ち寄った雑貨屋で美しい風景画を見つけました。これは今、我が家のリビングに飾ってあります。

また、四国に行ったら砥部焼を、京都に行ったら清水焼のお茶碗を、沖縄に行ったらごつい大皿や厚みのある琉球焼（やちむん）を選ぶなど、訪れた地域の特色を反映したアイテムを選ぶことで、その場所の魅力を自宅に持ち帰ることができるように感じています。

旅先で購入したものは単なるモノではなく、その地域の文化や歴史、そして私自身の旅の記憶を象徴しているように思います。

更に良い点は、家に来たゲストとの会話のきっかけにもなるということ。

旅先で入手した絵を飾ったり、食器をおもてなしに使ったりしていると、「素敵な絵だね」「これはどこのお皿？」などという質問が自然と生まれ、会話が弾みます。旅の話というのは、するほうも聞くほうもワクワクするもの。

自宅でこれらを眺めるたびに、訪れた場所の美しい景色や出会った人々のことを思い出し、日常生活に豊かさと色彩をもたらしてくれるようで、私にとってはとても心が弾む買い物となるのです。

新事業のアイデア①
早朝オープンの和菓子店

さて、ここからは未来の話――これからの事業について、私の考えていることをお話ししたいと思います。

最近、恵比寿の近くに新しい和菓子店がオープンしました。そのお店は11時から開店するのですが、私はもっと早い時間に開けばいいのにと思ってしまうのです。

朝のひとときは、特別な時間ですよね。

例えば、朝7時から開店する和菓子店を思い描いてみましょう。そこでは、私たちが派遣する経験豊かな50代、60代の上品な女性たちが、温かい笑顔でお客様を迎えます。

朝から開いていれば、今日これからの打ち合わせに持っていく手土産を探しているサラリーマンやOLさんにもぴったりです。

通常、和菓子店は朝9時や10時頃に開店するところが多いので、お客様は前日に買い置きしておいた乾き物のお菓子しか選べませんが、朝早くから開いている店があれば、新鮮な生菓子という選択肢が増えるわけです。

前述のように、私は以前友人の経営する和菓子店で働いていたことがあるので、和菓子の製造過程については多少詳しいつもりです。

例えば、大福は作った後に冷凍することが多く、工場を持っていない和菓子店では冷凍されたものを解凍しながら販売しています。

ですので、朝7時から営業するからといって仕込みのために朝5時から作業しなくてはいけないということにはならず、そこまでハードルの高いことではないのです。

こんなふうに、ちょっと新しい視点を持ちながら、50代や60代の女性たちの接客スキルを活かす事業を展開することは、とても魅力的だと思っています。

年を重ねると、夜更かしは苦手に、朝は早くに目覚める傾向にあります。そういった意味でも、朝早くの仕事は60代以降の人材の輝く場としてうってつけです。

人生経験を積んできた女性ならではの温かみのある接客が、そこを利用するお客様の朝のひとときを特別なものに変えてくれるでしょう。

和菓子店に限らず、早朝の時間帯における接客のニーズを開拓していくことは、将来性のある事業ではないかと思う次第です。

新事業のアイデア②
老人介護施設でお話し相手となる

最近、興味深い提案を受けました。

それは、高級老人ホームに入居している方々のお話し相手として、弊社のスタッフを派遣するというものです。

このサービスは、ご家族とは疎遠な方の話し相手になったり、ご家族には話せないようなことを聞いてあげたりといったメンタルのケアが中心です。

このようなお仕事があることに驚きつつも、私はこれを新たなチャンスととらえています。

この案件に関していうと、施設側が特に求めているのは40代から50代といった、入居者さんにとっての「娘世代」、または20代の「孫世代」の方々との会話です。

70歳や80歳、あるいは更に上の年齢の入居者さんにとって、これらの年代の人々との会話は新鮮で心地良いものでしょう。

しかし、同年代の方々のニーズもあるのではないかと思うのです。施設にはもちろん同世代の方がたくさんいらっしゃるでしょうが、いつも同じ顔ぶれになってしまいますよね。

同世代で、かつ新鮮な空気を運んでくれる人間が話し相手になれるとしたら、日々の活力にも繋がるのではないかなと想像します。

同世代の方々との会話は、落ち着きや共感を持ちやすく、「あの時代は〇〇だったよね」「懐かしいね！」などとノスタルジックな思い出話で盛り上がることもできます。

この分野に関するアイデアはまだ私の中で完全にはまとまっていませんが、現代社会において必要とされる、とてもやりがいのある仕事だと感じています。

ホームではなく一人住まいのご老人であれば、週に数回の電話で安否を確認するなど、より親密なコミュニケーションを取る代理家族のようなサービスも考えられますよね。

それなりに人生経験があり、想像力や思いやりの気持ちがある人でなければできない仕事でもあります。

弊社の経験豊かなスタッフが高齢者の方々に寄り添い、心の支えになることは、社会にとって非常に価値ある貢献だと思います。

私と『Human Bank』の新たな挑戦

この本を書いている間も、私は50代、60代以降の女性を主体的に輝かせることができる新しい事業への挑戦について考え続けていました。

つい最近までは、60代以降のスタッフの受け入れ先として『2nd Human Bank』の設立を目論んでいたものの、わざわざ新部門を作る必要はないと考え直したところです。

というのも、このところのオファーを見ていると、真面目に、誠実に仕事に取り組む人には、年齢を問わずに働ける環境が整ってきていることを実感しているからです。

本書の第3章のインタビューを通して、私自身があらためて女性のエイジングや生き方について考えを深めたこともあってか、誰よりも自分が「60歳になると諦めないといけない」という思い込みにとらわれていたのかもしれないと気づかされました。

社会の風向きが変わりつつある今、私の中にもあった60歳という年齢への固定観念を取り払い、まだまだ自分自身の可能性を広げていく努力を惜しんではいけないと思っている次第です。

そんな私が最近新たに学んだのは、「リピートプロフェッショナル®コミュニケーション」、略して「リピプロ®コミュニケーション」という新しい分野です。

ビジネスの世界では、新規顧客を追求するよりも、リピーターを増やすことが成功への近道といわれます。

リピーターを増やすためには何が必要なのか、と問われてサッと答えられる人はどのくらいいるでしょうか？

この「リピプロ®コミュニケーション」では、リピーターを増やすための効果的なコミュニケーション方法を学ぶことができます。これは、ビジネスを成長させるためには欠かすことのできない重要なスキルです。

私は、このスキルに大きな魅力を感じ、「一般社団法人日本接客リーダー育成協会」の講座に参加しました。

この協会の代表理事は、私と同じANA出身で、大企業での人材育成の経験も豊富な藤村純子さんです。私は彼女の講義を受けて、その深い知識と経験に大変感銘を受けました。

私も接遇のプロとして、そして経営者としてもそれなりの経験を積んできたという自負がありましたが、それでも、この講座のお陰で、なるほどと唸らされるような新たな知見を得ることができたのです。

更に、日本接客リーダー育成協会の素晴らしい点は、世の中の変化に合わせて教える内容も常にアップデートされること。接遇やビジネスのマナーも時代により変わるものですが、いつでも時代に合ったレッスンを受けることができるのです。

『Human Bank』の新事業

そこで私は、弊社の新事業として、私が「リピートプロフェッショナル®コミュニケーション講座」の講師となり、ビジネスを広げるためのコミュニケーション技術を教えることを決めました。

今の私の目標は、この新しい学びを50代、60代の女性たちにも伝え、彼女たちを講師に育て上げることです。

このスキルを身につければ、何歳であっても、彼女たちはただ雇われる従業員ではなく、独立して活躍できるようになるでしょう。これまでのように、「もうこの年で今からできる新しい仕事なんてない」と悲観することなく、年齢にとらわれずに、ビジネスに役立つ知識を伝える講師の道を選ぶことができるのです。

私自身が身をもって学習し、自信を持っておすすめできると思えるノウハウが詰まったこの講座は、企業との仕事を広げたい方にとっても学ぶべき「秘訣」が満載です。リピプロ®のコミュニケーション技術を身につければ、起業の成功は間違いありません。

協会には講師としての育成システムも整っていることから、私たちの年代の女性たちにも、ぜひ新たなスキルを学んで「先生」として活躍していただきたいと考えています。

このプログラムについては、詳細を別途お伝えする予定ですので、興味を持たれた方はぜひこちらの連絡先までご連絡ください。

堀口恵子ホームページ　https://horiguchikeiko.com/

私たちの会社は設立当初から、元CAというキャリアを持つ素晴らしい女性の才能を引き出し、輝かせることに力を注いできました。

これからも、彼女たちが第二のキャリアにおいても「素敵！」「さすが！」と称賛されるような存在となるよう、私たちがサポートし、プロデュースしていけることを心から願っています。

私にとっての新たな学びとそれをきっかけとした事業展開は、これまで蓄積してきた弊社スタッフの経験と知識を活かすことで、更に多くの女性たちに新しい可能性を示すことができると確信しています。

何かやりたいけれど何ができるか分からない方、一歩を踏み出す勇気が持てない方、不安はあるけれど新しいことに挑戦したい方……くすぶっているのは本当にもったいないです。

これから出会う、まだまだこの世にたくさんいるはずの素敵な女性たちが、私たちと一緒に学び、成長し、新しいステージで輝く未来を楽しみにしています！

おわりに

人生は、年齢を重ねるごとに新たな局面を迎えるものだと思います。特に50代という節目を迎えると、多くの人が自分の人生について深く考えるようになるのではないでしょうか？　私もその1人でした。

今、このタイミングで、キャビンアテンダント、そして人材派遣会社社長としての経験を活かし、50代女性が前向きな変化を迎えるためのヒントをまとめたこの本を執筆することができたことを心から嬉しく思います。

私自身が50代を迎えるにあたり、多くの挑戦や成長の機会に恵まれました。その中で学んだこと、悩んだこと、考えたことを皆さんと共有し、共に成長し、素敵な女性としての人生を楽しむためのヒントを提供したいという思いで本書を書き上げました。

この本では、自分自身を大切にし、ポジティブなメンタルを持ち続けることの重要性や新しい挑戦への積極的な姿勢、コミュニケーションのスキル、そして自己肯定感を高めるためのさまざまなアプローチについて掘り下げています。

執筆する中で、私自身も自分の中にあった年齢への思い込みや新たな事業に向けての気づきがあり、貴重な時間だったと感じます。

50代という年齢は、新たなスタートの時期であり、人生経験を重ねた女性としての魅力を存分に発揮できるチャンスの時代でもあると思います。

本書が未来に向けて自分らしい輝きを見つけていく手助けになればこの上ない幸せです。

起業からこれまで苦労と学びの連続でしたが、あまり思い悩まないように、苦労を苦労と思わないようにすることをモットーに生きているためか、いざとなると本に書く材料がなかなか思い出せず、苦心しました。

嫌なことは溜め込まずにすぐに忘れる、ショックなことにもショックを受けないようにするという日々の訓練は、ストレスを減らすためにはとても有効だと思うのですが、本の執筆には少々足かせになってしまったようです（苦笑）。
これからは、ブログのような形で少し自分の思いを残すようにしたいと思っている次第です。

今後も、世の中の風を読みながら、

「勉強した人には敵わない」
「努力しないと報われない」
「出た杭は打たれるが、出過ぎた杭は打たれない」

この真理を胸に、一層努力して参りたいと思います。

本書の出版にあたり、出版プロデューサー・谷口令先生、かざひの文庫・磐﨑文彰編集長には大変お世話になりました。

また、ここまで私を支えてくれた『ＨｕｍａｎＢａｎｋ』のスタッフ、そしてご登録いただいている皆さんにも、この場を借りてお礼を申し上げます。

そして、最後になりましたが、この本を手に取ってくださった皆さんに心から感謝を申し上げたいと思います。

今後も、皆さんの健康と幸福を願い、共に成長していけることを楽しみにしていきます。

ＨｕｍａｎＢａｎｋ株式会社　代表取締役　堀口恵子

令和6年1月吉日

SPECIAL THANKS

里岡美津奈さん

河内由美子さん

白鳥一晴さん

有田美也子さん（仮名）

阿部惠子さん

平泉良子さん

渡辺ゆり子さん

竹田淳子さん（仮名）

（順不同）

PROFILE

堀口恵子

KEIKO HORIGUCHI

Human Bank株式会社代表取締役。鹿児島県出身。鹿児島大学卒業後ANAに入社、CAとして7年勤務。退職後、飲食店・和菓子店店長などを経験ののち、2001年にCA経験者を派遣するHuman Bank株式会社を起ち上げ。VIP受付・接遇業務を中心に、ハイエンドなブランドのサポートなどをきめ細やかに行なう。現在、登録者数は1000名を超える。一般社団法人JSL(日本接客リーダー育成協会)リピートプロフェッショナルコミュニケーション講座の認定講師、「国家資格キャリアコンサルタント」取得。

元《もと》CAのキャリアコンサルタントがアドバイス

50代《だい》で素《す》敵《てき》女《じょ》性《せい》に
なるためのヒント

堀口恵子《ほりぐちけいこ》 著

2024年2月19日　初版発行

発行者　磐崎文彰

発行所　株式会社かざひの文庫
〒110-0002　東京都台東区上野桜木2-16-21
電話／FAX 03(6322)3231
e-mail：company@kazahinobunko.com
http://www.kazahinobunko.com

発売元　太陽出版
〒113-0033　東京都文京区本郷3-43-8-101
電話 03(3814)0471　FAX 03(3814)2366
e-mail：info@taiyoshuppan.net
http://www.taiyoshuppan.net

印刷・製本　モリモト印刷

出版プロデュース　谷口 令
編集協力　中村 百
装丁　藤崎キョーコデザイン事務所

ISBN978-4-86723-156-2